30 JOURS À PARIS

30 JOURS À PARIS

inspirações para uma viagem autêntica

30
JOURS À PARIS

inspirações para uma viagem autêntica

CAROL PIO PEDRO

Diretor Editorial | Gustavo Abreu
Diretor Administrativo | Júnior Gaudereto
Diretor Financeiro | Cláudio Macedo
Logística | Vinícius Santiago
Preparação e Revisão | Lorena Camilo
Capa, Projeto Gráfico e Diagramação | Luís Otávio
Fotografias | Carol Pio Pedro e Gabi Alves Photography

Referência para citação

Pedro, C. P. 30 Jours à Paris: inspirações para uma viagem autêntica. Belo Horizonte (MG): Letramento, 2017.

Dados Internacionais de Catalogação na Publicação (CIP)
Bibliotecária Juliana Farias Motta CRB7- 5880

P372t Pedro, Carol Pio

30 Jours à Paris: inspirações para uma viagem autêntica / Carol Pio Pedro . – Belo Horizonte (MG): Letramento, 2017.

160 p.; 23 cm.

ISBN: 978-85-9530-047-7

1. Pedro, Carol Pio – Viagens.2.Paris (França) – Decrição e Viagens.I. Título: inspirações para uma viagem autêntica

CDD 914.436

Belo Horizonte - MG
Rua Magnólia, 1086
Bairro Caiçara
CEP 30770-020
Fone 31 3327-5771
contato@editoraletramento.com.br
grupoeditorialletramento.com.br
casadodireito.com

Grupo Editorial LETRAMENTO

A você, Danilo, de mãos dadas nessa travessia.

Aos meus pais pelo apoio incondicional.

Aos leitores e seguidores do 30 Jours
à Paris por embarcarem na viagem e
compartilharem suas experiências comigo.

SUMÁRIO

SUMÁRIO

34
4e ARR
RUE VIEILLE DU TEMPLE
LE MANQUANTE
BOULANGERIE
TRAITEUR SAVEURS DE PAINS

SUMÁRIO

MONTPARNASSE

Prefácio

Quando a Carol, minha esposa, me deu a notícia de que escreveria um livro sobre Paris, junto com a felicidade e o orgulho me veio a vontade de fazer esse prefácio.

Este livro é resultado de muito estudo, planejamento, curiosidade, quilômetros percorridos e, principalmente, muito amor, que prevaleceu perante todas as dúvidas, inseguranças e tantos outros incômodos aos quais somos submetidos em um processo de mudança.

Sua viagem de estudos a Paris aconteceu em um momento de grandes incertezas, angústia e insatisfação profissional. No meio de uma crise é difícil perceber com clareza e positividade a oportunidade de reescrever a própria história e com a Carol não foi diferente. Foi nesse caos mental que o 30 Jours à Paris nasceu no instagram. A ideia de compartilhar seu olhar sobre Paris foi ocupando um espaço cada vez maior em sua vida e proporcionando, além da realização pessoal, uma nova visão para os planos futuros. Esse exercício trouxe autoconhecimento, raiz de qualquer projeto bem-sucedido.

Com a estruturação do projeto, vieram as oportunidades de negócio, parcerias, viagens de pesquisa e o apoio, interação, carinho e reconhecimento dos leitores do 30 Jours à Paris, força de valor inestimável que a manteve confiante e motivada.

Carol escolheu Paris para ouvir seu grito de liberdade, daqueles verdadeiros, que deixam sem ar e sem chão e te fazem enxergar que viver tudo aquilo que te faz brilhar é o caminho e que não existe um ponto final.

Danilo Dourado

Gabi Alves Photography

Apresentação

Falar de Paris é correr o risco de esbarrar em clichês. Mesmo depois de tantas idas à capital francesa, meu olhar é de eterno deslumbramento, como se mudasse a lente e passasse a enxergar tudo com outro brilho – brilho que, de fato, a cidade tem mesmo nos dias cinzentos. A emoção parece ainda mais forte a cada reencontro, a conexão se refaz e a sensação de felicidade repentina invade.

Não é a Torre o que mais me comove, o Arco ou o Louvre, mas a harmonia do todo. Observar como os sinais do passado estão presentes de forma tão marcante em sinal de respeito a sua própria história e ainda assim perceber uma cidade tão aberta para o novo, para o futuro, sem receio de perder sua identidade. Paris é várias cidades dentro de uma só: romance, arte, modernidade, música, gastronomia e cultura que se revelam de diferentes formas, tons, temperos e acordes.

Um pouco da beleza que vejo e vivencio em Paris está neste livro por meio de fotografias que registrei entre 2015 e 2017, retratando alguns lugares que considero especiais e que podem servir de inspiração para um roteiro mais autêntico na sua próxima viagem em qualquer época do ano. Mesclando atrações turísticas com outras fora do circuito, selecionei dicas e sugestões que privilegiam a interação com os espaços públicos e a população, e nos permitem vivenciar a cidade de fato. Fica aqui o convite para você mergulhar nessa viagem comigo e se permitir enxergar Paris muito além dos cartões postais.

As informações presentes neste livro foram compiladas em 2017 e podem ser alteradas pelo orgão público francês e por seus proprietários. Sugiro, sempre, consultar o funcionamento dos locais e dos transportes antes de visitá-los.

Gabi Alves Photography

Como tudo começou

Viagens, no geral, têm o poder de nos educar, inspirar, mostrar que existem várias formas de se levar a vida e que as possibilidades são muito maiores do que enxergamos quando estamos no modo automático e programado da rotina.

No início de 2015 saí da empresa onde atuei por cinco anos e meio na área de *marketing*. Estava esgotada, sem certezas para onde ir ou o que fazer. Foi aí que meu marido me sugeriu: "viaje para qualquer lugar, Carol. Se quiser meditar no Nepal, vai. Se quiser conhecer a China, vai. O que você quiser fazer eu apoio. Mas pense bem... faça alguma coisa nova, diferente. Vai se divertir!".

Imagino que essa atitude possa parecer estranha para muitos casais, mas não para nós dois. Os grandes momentos das nossas vidas sempre estiveram atrelados às viagens que fizemos – sozinhos ou não. Um salto importante na carreira dele, o pedido de casamento, as mudanças de percurso que decidimos juntos, a compra do "apê" e por aí vai. Viajar é um intensivão de felicidade e aprendizado para nós e, ainda que não estejamos juntos para compartilhar todos os momentos daquela experiência, saber que o outro está feliz é motivo mais do que suficiente para apoiar uma decisão como essa.

Alguns lugares me passaram pela cabeça, mas logo de início me veio Paris, cidade que já conhecia e gostava. Estudei a vida toda num colégio francês aqui em São Paulo, mas após 15 anos de formada, já não conseguia mais me comunicar no idioma. A oportunidade parecia perfeita: estudar algo novo, mergulhar em uma cultura que fez parte da minha formação e conhecer, de verdade, a cidade que me deu tanta alegria na primeira vez que a visitei – foi ali que o Danilo me pediu em casamento!

Para planejar a viagem contei com a ajuda de uma amiga de escola que morou muitos anos em Paris. Coincidência ou não, o *studio* que havia gostado para alugar ficava a poucas ruas de onde ela havia morado. Ela também me indicou uma escola de idiomas que seus conhecidos haviam frequentado e gostado bastante. Com ela aprendi tudo o que precisava para conseguir me virar sozinha nos primeiros dias: rotas de casa para o colégio, características do bairro, sua localização e comércio, o transporte público e aluguel de bicicletas, plano de celular pré-pago e dicas de alguns lugares fora do roteiro turístico. À medida que recebia essas informações me sentia mais conectada com o lugar. O planejamento me trouxe conhecimento e segurança, dois pontos que considero extremamente importantes para a realização de uma boa viagem, principalmente se você viaja desacompanhada.

Gabi Alves Photography

Cheguei em Paris numa manhã de primavera gelada, no fim de março de 2015. Era sábado e isso me dava tempo para botar em prática tudo o que havia planejado: "conhecer o terreno", abastecer a casa, comprar *simcard* de celular e passes de metrô, ou seja, me situar.

Foram muitas surpresas boas naquele primeiro dia: um funcionário do prédio que me ajudou com questões práticas do *studio*, o metrô que estava liberado – gratuito – para incentivar a população a não usar seus carros por conta do alto índice de poluição, o esforço e simpatia do dono da *boulangerie* para entender meu francês macarrônico, a sensação de segurança ao passar por ruas desertas numa região não turística e a emoção de chegar à Notre-Dame – ponto que adotei como referência para me nortear – e encontrá-la praticamente vazia – até então não tinha me dado conta de que estávamos na baixa temporada! Tudo isso me trouxe ainda mais certezas de que dias incríveis estavam por vir.

Boulangerie é um lugar especializado, exclusivamente, em produzir e comercializar pães de variados tipos e sabores.

A ideia de ter uma rotina de quatro horas de estudo por dia me animava. Era o único compromisso que teria comigo mesma e estava disposta a correr atrás do prejuízo para conseguir me comunicar e me inserir na cultura local. A dificuldade inicial de acompanhar a turma já era esperada, mas eu tinha ao meu favor algo muito raro hoje em dia: tempo. Os colegas de classe ajudavam muito, mas não tinham as tardes disponíveis. Todos eles – chineses, venezuelanos, russos, espanhóis, americanos – eram residentes na cidade e estavam ali por razões claras: aprimorar o idioma por conta do trabalho ou dos estudos. Só eu dispunha de tempo livre e precisava praticar o máximo possível do que aprendia com quem quer que fosse.

Foi assim que dediquei todas as minhas tardes a visitar inúmeros lugares e a praticar francês, e quanto a esse aspecto preciso dizer que só encontrei gente simpática no meu caminho. À medida que ganhava confiança na língua e na própria cidade ia me aventurando mais. Com o passar dos dias fui me adaptando à vida cotidiana deles e percebendo o quanto Paris é maravilhosa em grandes aspectos e pequenos detalhes.

Rotina é rotina em qualquer metrópole: a correria para o trabalho, a impaciência no metrô, o trânsito, os compromissos, a volta para casa ou o encontro com os amigos para o *happy hour* ao final de um dia cheio. Realidade parecida com a nossa, com a grande diferença de que por lá a infraestrutura oferecida contribui para o bem-estar do cidadão. Aspectos como planejamento urbano, mobilidade, preservação do patrimônio público e segurança têm impacto direto na qualidade de vida de cada indivíduo e, por consequência, na forma como ele se relaciona em sociedade e interage com o meio, ocupando ruas e fazendo da cidade a extensão de sua casa.

Cantine
L'APPARTEMENT

Como se isso não bastasse, entra o lado mágico da coisa: uma atmosfera diferente que só quem conhece, sabe! À cada esquina, algo incrível para se descobrir. As opções culturais e de lazer pipocam em todos os cantos e agradam a todos os gostos, dos mais tradicionais aos moderninhos. A leitura que se tem de Paris é muitas vezes equivocada: a de um lugar que só sabe ser romântico e clássico. Mas existe um lado dinâmico, jovem e divertido que muitos desconhecem e vale a pena descobrir.

A verdade é que eu me apaixonei por Paris... perdidamente! E me acostumei com todos esses luxos que o dinheiro não compra. Durante os trinta e poucos dias que passei por lá reuni uma grande quantidade de fotos e uma imensa lista – lista mesmo – de lugares que visitei – parques, jardins, vistas, museus, cafés, pontes, praças, ruas, lojas, escadarias, bares e restaurantes – desde endereços autênticos e frequentados por locais aos mais turísticos. Comecei, então, a compartilhá-los no Instagram que criei dedicado à essa viagem, o 30 Jours à Paris que significa "30 dias em Paris".

Instagram: @30joursaparis

A viagem acabou, eu voltei para São Paulo, mas continuei me dedicando ao perfil na rede social. De repente, uma divulgação inesperada de um perfil dedicado a livros fez com que chovesse novos seguidores e, então, me dei conta de que poderia pensar em um projeto bacana que me desse prazer e orgulho e me mantivesse próxima de Paris.

Passei a estudar a cidade e a acompanhar as notícias e novidades diariamente. Antes de postar qualquer foto, pesquisava sobre o lugar para escrever um *post* que relatasse um pouco de história e também minhas percepções. A vontade de escrever era tanta que já não cabia mais no Instagram e foi aí que decidi começar o *blog*, em setembro de 2015. Depois veio a demanda por roteiros personalizados, os contatos e parcerias que começaram a surgir com empresas e agências parisienses e, desde então, visito Paris duas vezes ao ano para descobrir novos lugares e criar conteúdo.

O que começou como um *hobby* despretensioso tem me aberto um novo mundo e muitas possibilidades – a realização deste livro é uma delas. Meu marido e eu temos planos para o futuro que envolvem uma temporada fora, mas essa questão tem sido planejada com calma. Ainda não sei ao certo onde tudo isso vai dar, mas estou curtindo o caminho, orgulhosa das decisões que tomei e mais feliz do que nunca com o parceiro que essa vida me deu.

Acesse o 30 Jours à Paris e leia o post que inspirou este capítulo.

Carol Pio Pedro

sandro
SOLDES
DERNIERE
DÉMARQUE

Dicas úteis

Aplicativos para baixar na viagem

RATP | aplicativo oficial da rede de transporte público parisiense. Por geolocalização, encontra as estações de trem (RER), metrô, ônibus, Vélib - sistema de serviço gratuito de empréstimo de bicicletas – e Autolib sistema de compartilhamento de carros elétricos – mais próximas e traça o percurso mais rápido para o destino escolhido indicando os meios de transporte, as estações de metrô/trem e/ou os pontos de ônibus;

VÉLIB | aplicativo oficial do sistema público de locação de bicicletas, que por geolocalização mostra qual a estação mais próxima de onde nos encontramos e a disponibilidade de retirada e devolução das bicicletas;

VOYAGES-SNCF | aplicativo oficial para compra de bilhetes de trem – viagens nacionais e internacionais.

Contatos úteis

CONSULADO-GERAL DO BRASIL EM PARIS | (+33) 6 80 12 32 34

SAMU | 15

POLÍCIA | 17

BOMBEIROS | 18

Principais aeroportos

CHARLES DE GAULLE | a 30 km de Paris, recebe todos os vôos diretos do Brasil com destino a Paris;

ORLY | a menos de 20 km de Paris, opera vôos domésticos e internacionais, basicamente, do continente europeu;

BEAUVAIS | a 80 km de Paris, opera os vôos da *low-cost* Ryanair.

Principais estações de trem

GARE DU NORD

112, rue de Maubeuge 75010 Paris

linhas 2, 4 e 5 | RER B e D

GARE DE L'EST

Place du 11 novembre 1918, 75010 Paris

linhas 4, 5 e 7

GARE SAINT-LAZARE

13 rue d'Amsterdam, 75008 Paris

linhas 3, 12, 13 e 14 | RER A e E

GARE MONTPARNASSE

17 boulevard de Vaugirard 75015 Paris

linhas 4, 6, 12 e 13

GARE D'AUSTERLITZ

7 bis boulevard de l'Hôpital, 75013 Paris

linhas 5 e 10 | RER C

GARE DE LYON

Place Louis Armand - 75012 Paris

linhas 1 e 14 | RER A e D

Para se localizar

Paris é dividida administrativamente em *arrondissements*, ou seja, distritos – algo similar aos nossos bairros. Existem, ao todo, vinte *arrondissements* e esta é uma informação relevante para conseguir se localizar. Quanto menor o número, mais central é sua localização. Repare que nas placas a cada esquina, acima do nome da rua, está indicado o número correspondente ao *arrondissement*.

RUAS INSÓLITAS

A cidade que abriga a avenida mais famosa do mundo também encanta pelas ruas insólitas. Basta sairmos do caminho batido e dobrarmos uma esquina fora do roteiro para que nos revele outras caras, ares e cores. A grande reforma urbana promovida pelo Barão Haussmann na segunda metade do século XIX destruiu a cidade medieval e abriu caminho para a construção de amplas avenidas e boulevards, parques, jardins e monumentos à altura da antiga Roma dos césares ao mesmo tempo em que integrou pequenas cidades e vilarejos dos arredores com o objetivo de expandir os territórios poupando-os, porém, do novo traçado arquitetônico em muitos casos. Os arrondissements periféricos guardam ainda pequenos portais que nos transportam para outra época, mas é possível encontrar vestígios da Paris medieval também na área central. São esses dois tipos de lugares que exploraremos a seguir.

RUAS MEDIEVAIS DA ÎLE DE LA CITÉ

A história de Paris está diretamente conectada à Île de la Cité e ao rio Sena. Na antiguidade, a pequena ilha habitada pela tribo gaulesa Parisii sucumbe às investidas de Júlio César e cai sob domínio do Império Romano em 53 a.C. A vila galo-romana passa a se chamar Lutetia, desenvolvendo-se pouco a pouco, e tem o nome substituído por Paris a partir do século IV d.C.

Na era medieval, os reis a transformam em centro do poder político e religioso do Reino dos Francos e, ao longo dos séculos, ergueram fóruns, igrejas e palácios – alguns destes monumentos presentes até os dias de hoje, como a Notre-Dame, a Conciergerie e a Sainte-Chapelle – e expandem a cidade para além das margens do Sena.

A cidade medieval é praticamente arrasada durante as reformas do Barão Haussmann, no século XIX, que destruiu ruas inteiras com casas, igrejas e hospitais a fim de colocar em prática seu plano de urbanização e embelezamento. Porém, algumas vias foram poupadas e resistiram à ação do tempo. Não mais do que cinco ruas na Île de la Cité preservam as características medievais, com pavimento de pedra, vias estreitas e conjunto arquitetônico original. Ainda que estejam situadas a poucos passos da Catedral de Notre-Dame, muitos turistas deixam de visitá-las por falta de conhecimento e perdem a oportunidade de vivenciar a cidade antiga.

Atualmente, a área é residencial, possui comércio inexpressivo e poucos visitantes que se aventuram fora do circuito turístico. A área é, geralmente, muito tranquila e vazia, propiciando a prática do melhor esporte parisiense: a arte de flanar.

Dica: anote os nomes das ruas medievais: rue de la Colombe, rue des Ursins, rue des Chantres, rue Chanoinesse e rue Massillon. Atravesse para a Rive Gauche e caminhe pelo quai de Montebello situado entre as pontes de l'Archevêché e Petit Pont para garimpar livros, cartões postais e gravuras nas caixas verdes de metal dos *bouquinistes*, os livreiros instalados ao longo do Sena.

Île de la Cité

Cité, linha 4 | Pont Marie, linha 7

RUE DES BARRES

Outra via que resistiu a grande reforma foi a rue des Barres, pequena rua íngreme não muito longe do Hôtel de Ville. Testemunha da forte transformação sofrida no entorno, saiu praticamente ilesa e, hoje, é referência de arquitetura medieval na cidade.

Escondida atrás da igreja de Saint-Gervais, no 4ème, é uma das ruas mais antigas de Paris – sua construção remonta ao ano de 1250, quando se chamava ruelle aux Moulins des Barres por conta de um antigo moinho situado próximo ao Sena. Após muitas mudanças de nome, incluindo o curioso *rue qui va de la Seine à la porte Baudet*, foi finalmente batizada como rue des Barres no século XVII.

No número doze, esquina com a rue Grenier-sur-l'Eau, encontra-se uma das raras casas em estilo *colombage* remanescentes na cidade. Feita de pedra e madeira, abrigou a ordem religiosa les Jeunes Filles de la Croix até 1790 e, poucos anos depois, virou propriedade nacional. Nos dois séculos seguintes a fachada original de madeira foi encoberta para lhe dar um aspecto mais luxuoso e moderno, e o térreo foi ocupado por um estabelecimento comercial até que, em 1972, a cidade de Paris comprou o imóvel e o restaurou, recuperando o estilo original. Atualmente, a propriedade abriga um albergue da juventude.

Em dias de sol, a terrasse do pequeno café L'Ébouillanté fica cheia e ocupa uma boa parte da rua, que só possui 10 metros de largura, mas ainda assim a atmosfera pacata e pitoresca não é comprometida.

Dica: sugestão gastronômica mais refinada para um jantar à luz de velas é o tradicional Chez Julien localizado na esquina com a rue du Pont Louis-Philippe.

Rue des Barres

Pont Marie, linha 7

Chez Julien

1 rue du Pont Louis-Philippe, 75004 Paris

Seg. a dom., 12h às 15h | 19h30 às 23h30

Pont Marie, linha 7

RUE CRÉMIEUX

A uma curta distância entre a Gare de Lyon e o Quartier Bercy essa pequena rua residencial composta por casas geminadas foi colocada no mapa de alguns visitantes e de muitos parisienses graças às suas fachadas coloridas. Algumas paredes contam com um toque a mais de originalidade, como desenhos de passarinhos, gatos e até mesmo uma janela falsa pintados. Para completar o cenário, bicicletas e patinetes são, despreocupadamente, estacionados próximos às portas de entrada, dividindo o espaço com vasos de plantas bem cuidados pelos moradores.

A rua que se tornou um *hotspot* de fotógrafos e *"instagramers"* possui mais uma curiosidade: a marca do nível das águas da grande enchente de 1910 está representada em diferentes tons na parte inferior de cada imóvel.

Usuários que compartilham o que veem através de fotografias postadas na rede social Instagram.

Dica: para aproveitar a viagem sugiro uma visita a outro universo colorido, a cinco minutos da Rue Crémieux, o Marché d'Aligre, que oferece uma imersão ao estilo de vida local em clima de descontração e bom humor. Percorra o mercado coberto Marché Beauvau para descobrir as delícias dos produtos regionais; a feira livre na rue Aligre repleta de barraquinhas de frutas, legumes, flores e grãos; e os *stands* de antiguidade e brechós que ocupam a área central da Place d'Aligre. Por fim, faça uma pausa para o café ou *apéro* no animadíssimo Le Baron Rouge.

Rue Crémieux

Gare de Lyon, linhas 1 e 14

Marché d'Aligre

Rue et place d'Aligre, 75012 Paris

Ter. a dom., 7h às 13h

Ledru-Rollin, linha 8

VILLA DAVIEL

O despretensioso bairro de Butte aux Cailles, no 13ème, pertencia à cidade de Gentilly antes da anexação à Paris e passou ileso às reformas do Barão Haussmann graças ao solo argiloso e à exploração de calcário, que colaboraram para um terreno instável e não propício a grandes edificações.

Assim como Montmartre, também guarda um aspecto de cidade pequena à parte da capital. Entretanto, a oferta de moradia barata ficou no passado e, hoje em dia, é procurado especialmente por um público jovem atraído pelo espírito coletivo e artístico do bairro.

Se Montmartre foi imortalizada pelos grandes pintores do final do século XIX e começo do século XX, la Butte aux Cailles se tornou referência no circuito de arte urbana mundial. Basta um curto passeio pelas ladeiras e ruas estreitas para ver que artistas de todas as partes do globo já deixaram registrados seus grafites pelos muros da região.

A poucos passos do burburinho que se instala à noite nos bares animados está a Villa Daviel, um impasse de paralelepípedo com casinhas lindas em tons pastéis alinhadas ao longo de 113 metros. Atrás dos portões de ferro, o que falta em área nos minúsculos jardins é compensado pela abundância de vegetação, onde até figueiras e bananeiras compõem o cenário. Mesmo nesse pequeno oásis charmoso e bucólico a arte de rua está presente.

Tome nota de algumas vias famosas por seus grafites: Place Paul Verlaine, rue de la Butte aux Cailles, Passage Boiton, rue des Cinq Diamants, rue Alphand, Passage Sigaud, Passage du Moulin des Prés, entre outras. A área é pequena e vale ser desvendada com tempo, por isso não se preocupe em flanar sem rumo.

Dica: para um *apéro* ou jantar despretensioso sugiro o já famoso Chez Gladines com sua culinária basca de pratos fartos servidos em um ambiente informal, decoração vintage e toalhas quadriculadas. Na porta, grafites da provocadora e poderosa artista francesa Miss Tic dão as boas-vindas aos clientes.

Villa Daviel

Place d'Italie, linhas 5, 6 e 7

Chez Gladines

30 rue des 5 diamants, 75013 Paris

Seg. a dom., 12h às 15h | 19h às 23h45

Place d'Italie, linhas 5, 6 e 7

RUE BERTON

Muito antes de virar uma área nobre da capital, antes de 1860, Passy era um vilarejo agradável onde a burguesia parisiense mantinha belas residências e palacetes para escapar da cidade e aproveitar os ares do campo, atmosfera essa preservada até hoje em algumas vielas e cantos do 16ème.

A rue Berton é o melhor exemplo nesse sentido. Essa estreita rua de pedra escondida entre muros altos cobertos de hera no atual Quartier de La Muette permanece intacta à ação do tempo e às transformações da cidade. Em certa altura, na metade do caminho, há uma placa datada de 1731 e uma pedra indicando o limite dos territórios de Passy e Auteuil.

A rua logo acima – rue Raynouard – abriga a Maison de Balzac, um museu dedicado ao escritor e sua obra na própria casa onde viveu por sete anos. A saída dos fundos da propriedade dá para a Rue Berton, por onde, reza a lenda, Balzac fugia quando credores batiam à sua porta. A vista para a cidade e para a Torre Eiffel é bastante original a partir deste ponto, pois o que se vê em primeiro plano são mansões com jardins enormes e vegetação abundante, um cenário residencial atípico em Paris. Uma das mais bonitas propriedades é o Hôtel de Lamballe, construído no século XVII, onde está instalada a Embaixada turca.

Dica: se não há muito o que fazer na rue Berton nos dias de hoje, além da agradável sensação de viajar no tempo, aproveite para visitar a Maison de Balzac e explorar o bairro. Nas proximidades, o Parc de Passy é um refúgio agradável situado em meio a prédios de alto padrão e seus frequentadores são, basicamente, os moradores do *quartier*.

Rue Berton

Passy, linha 6

Parc de Passy

32 avenue du Président Kennedy, 75016 Paris

Seg. a sex., 8h às 19h30 | sáb. e dom., 9h às 19h30

Passy, linha 6

VILLA LÉANDRE

Apesar da horda de turistas que transitam pelos arredores da Basílica de Sacre-Coeur e da fama boêmia conquistada graças aos célebres artistas e intelectuais que aqui viveram, Montmartre tem, por essência, uma alma provinciana, com códigos e costumes preservados pelos locais, que se consideram, antes de tudo, *montmartrois*.

O bairro situado em uma colina, la butte Montmartre, manteve seus traços preservados após a integração das terras a Paris e o que se descobre muito além da sempre cheia Place du Tertre são escadarias pitorescas, ladeiras e ruelas bucólicas no entorno do pequeno vinhedo Clos Montmartre em atividade desde o século XII.

É nesta área preservada do bairro que se esconde a Villa Léandre, uma rua sem saída de casas no estilo anglo-normando com tijolos vermelhos, telhados de ardósia, janelas em formato de arcos, muito verde e atmosfera bucólica. Os pequenos jardins particulares – luxo total em uma cidade como Paris – são impecáveis e remetem ao clima do campo inglês.

Dica: na esquina da Villa Léandre com a avenue Junot está o *trendy* Marcel, pequeno restaurante de ares nova-iorquinos famoso por seu *brunch* concorrido aos fins de semana. A localização não poderia ser mais agradável – melhor ainda se conseguir uma mesa do lado de fora.

Villa Léandre

Lamarck-Caulaincourt, linha 12

Marcel

1 Villa Léandre, 75018 Paris

Seg. a sex., 10h às 23h | sáb. e dom., 10h às 19h

Lamarck-Caulaincourt, linha 12

AVENUE DE CAMOËNS

Inaugurada em 1904 e nomeada em homenagem ao poeta lusitano, Luís Vaz de Camões, a curta avenida de 115 metros de extensão foi palco de uma cena na abertura do filme *Meia-noite em Paris* tamanho seu charme e vista singular para a Torre Eiffel.

Situada no 16ème, no Quartier de la Muette, a poucos passos do Trocadéro, possui uma peculiaridade que encanta os visitantes. Inicia-se na interseção com a rue Benjamin Franklin e termina em um parapeito que se debruça sobre uma ampla escadaria com acessos laterais que a conectam ao boulevard Delessert. Na base da escada encontra-se um imponente busto de Camões esculpido em mármore pela artista Clara Menerès, em 1987.

Do alto da pequena avenida a torre surge imponente atrás de um prédio. Além da visão privilegiada e da tranquilidade da área pouco visitada, o detalhe charmoso fica por conta da estátua de dois anjos estrategicamente posicionados à beira do edifício.

Tantas particularidades fazem desta via um lugar procurado por quem quer apreciar e fotografar a Dama de Ferro de um ângulo diferente. Muitas sessões fotográficas são realizadas aqui devido à atmosfera romântica que reproduz.

Dica: o Palais de Tokyo, também localizado no 16ème, é um museu dedicado à arte moderna e contemporânea que recebe importantes exibições ao longo de todo o ano. Por ficar aberto até tarde é possível programar uma visita para depois do jantar e finalizar a noite apreciando a vista para o Sena.

Avenue de Camoëns

Passy, linha 6

Palais de Tokyo

13 avenue du Président Wilson, 75016 Paris

Qua. a seg., 12h à 00h

Iéna, linha 9

GALERIE VIVIENNE

ESPAÇOS COBERTOS

No frio ou debaixo de chuva, opções não faltam em Paris. O clima na Cidade Luz é temperado, com temperatura média anual de 11.3°C e precipitação de 637mm distribuída ao longo de todo o ano, mesmo nos meses mais secos – chove, em média, 111 dias por ano. Os endereços a seguir sugerem alternativas autênticas para quem visita Paris nessas condições e procura abrigo fora dos principais museus e igrejas do roteiro comum.

RACINES
DE VIN
MARIGNY
PHILATELIE
STELLA ARTOIS
L'Arbre à cannelle
ACHAT VENTE
TIMBRES POSTE
PANORAMAS
LA POSTALE
STERN
MESSMER

LA GRANDE MOSQUÉE DE PARIS

Localizada no Quartier Latin, no 5ème, logo ao lado do Jardin de Plantes, a Grande Mesquita é um tesouro parisiense pouco conhecido entre os brasileiros, apesar de sua importância cultural e religiosa. Inaugurada em 1926, la Grande Mosquée de Paris é mais do que um local dedicado à prática da fé islâmica, é um verdadeiro monumento de arte, história e civilização que recebe visitantes e turistas com o mesmo respeito e cortesia que acolhe seus fiéis.

A mesquita é inspirada na arquitetura andaluza e marroquina e conta com um grande pátio interno cercado por colunas que lembram Alhambra, na Espanha. A decoração mescla aspectos clássicos e contemporâneos da arte muçulmana e os mosaicos – uma atração à parte – foram confiados a artesãos do norte da África.

Vale a pena a visita aos jardins, fontes, *hamman* e salas de oração – quando não há culto. Gosto muito de visitar esse lugar pela vibração que passa e pelos detalhes e explosão de cores presentes na arquitetura, decoração e paisagismo, mas há ainda um outro motivo: o Salon de Thé de la Grande Mosquée.

Espaço destinado para a prática do banho turco.

Dica: com entrada independente à mesquita, a casa funciona como um café e restaurante oferecendo um extenso cardápio típico de dar água na boca. O ambiente é uma verdadeira viagem ao Oriente. A pequena varanda na entrada e o pátio interno são disputados no calor, mas o salão principal, bem decorado e aconchegante, é perfeito para um dia frio. Este é um endereço fora do circuito turístico, mas certamente no radar dos locais que vêm em busca do chá de hortelã mais famoso da cidade.

La Grande Mosquée de Paris

2bis Place du Puits de l'Ermite, 75005 Paris

Sáb. a qui., 9h às 12h | 14h às 19h

Place Monge, linha 7

Salon de Thé de la Grande Mosquée de Paris

39 rue Geoffroy Saint-Hilaire, 75005 Paris

Seg. a sex., 9h à 0h

Place Monge, linha 7

MARCHÉ DES ENFANTS ROUGES

Escondido atrás de um pequeno portão verde na rue de Bretagne no Haut Marais, o Marché des Enfants Rouges é o mercado coberto mais antigo da cidade. Fundado no início do século XVII, leva esse nome em homenagem às crianças de um orfanato próximo que usavam uniformes vermelhos, a cor que simboliza a caridade.

O mercado não é muito grande e possui barracas de frutas, legumes, flores, carnes e pães, mas o que o difere dos demais e o torna tão badalado é o fato de contar com pequenos restaurantes e *stands* especializados em culinárias típicas de diferentes países, como Marrocos, Antilhas, Japão, Itália, Líbano e, claro, França. Há também barracas com opções veganas, sopas orgânicas e uma hamburgueria.

O ambiente é despojado e simpático, mas não espere muito conforto ou exclusividade – coexistência é a palavra de ordem por aqui. Aos fins de semana, o mercado é o ponto de encontro dos locais que dividem as mesas coletivas com alguns poucos turistas em busca de experiência gastronômica e cultural. Há filas, dependendo do horário, e as mesas são disputadas, mas tudo acontece em um clima tranquilo e amigável.

Dica: explore a região do Haut Marais com suas lojas independentes e cafeterias especializadas. Entre tantas opções – algumas indicadas na sessão "Cafés" deste livro – sugiro também o café Ob-La-Di, a duzentos metros do mercado, que prepara um expresso encorpado e oferece no cardápio opções *bio* e sem glúten, tudo feito ali mesmo.

Marché des Enfants Rouges

39 rue de Bretagne, 75003 Paris

Ter. a qui., 10h às 20h | sex. e sáb., 8h às 20h30 | dom., 8h30 às 17h

Filles du Calvaire, linha 8

Ob-la-Di

54 rue de Saintonge, 75003 Paris

Qua. a sex., 8h às 17h | sáb. e dom., 9h às 17h

Filles du Calvaire, linha 8

MARCHE DES
ROUGES
Bio Wagner
Terrasse
FROMAGER
LA PETITE
FERME

GALERIE VIVIENNE

Congeladas no tempo desde o século XIX, as charmosíssimas passagens cobertas existentes em meio aos edifícios na região central da cidade são as precursoras de nossos *shopping centers*, abrigando lojas, restaurantes e teatros em um espaço fechado. Consideradas joias da arquitetura parisiense, seus tetos de vidro e estrutura em ferro permitiam iluminação natural ao longo do dia e, à noite, as lamparinas criavam uma atmosfera única.

A passagem coberta mais emblemática é, sem dúvida, a Galerie Vivienne, construída em 1823 e classificada como monumento histórico em 1974, com piso em mosaico ricamente trabalhado, janelas em arco esculpidas à mão, candelabros de cristal e uma deslumbrante cúpula de vidro. Situada a poucos passos do Palais Royal, a galeria fidelizou seu público atraído pelas boutiques elegantes e restaurantes refinados durante mais de meio século, mas perdeu o apelo de sofisticação quando o circuito do luxo migrou para a Champs-Élysées e região da Madeleine.

Na década de 80 reergue-se com a inauguração da loja de Jean-Paul Gaultier, recuperando seu prestígio e, atualmente, abriga marcas exclusivas, casas de decoração, uma charmosa livraria antiga, loja de brinquedos educativos e bistrôs muito agradáveis.

Dica: o Bistrot Vivienne é o cartão de visitas da galeria, atraindo todas as atenções de quem passa em frente à entrada da rue des Petits Champs.

Galerie Vivienne

4 rue des Petits Champs, 75002 Paris

Seg a sex., 10h às 20h | sáb., 11h às 12h | 13h às 18h30

Palais Royal, linhas 1 e 7 | Bourse, linha 3

Bistrot Vivienne

4 rue des Petits Champs, 75002 Paris

Seg. a dom., 8h às 0h

Palais Royal, linhas 1 e 7 | Bourse, linha 3

Klub

MUSÉE JACQUEMART-ANDRÉ

O museu Jacquemart-André é uma daquelas joias fora do grande circuito que impressionam pela beleza e história. Não bastasse a importância do acervo, o cuidado com a preservação das características originais da mansão, a disposição das obras pelos ambientes nos transportam para uma época gloriosa. A sensação é a de que estamos visitando uma verdadeira casa habitada e a qualquer momento os anfitriões aparecerão.

Fruto da união de um ávido casal colecionador de arte, Édouard André, herdeiro de uma família de banqueiros, com a artista Nélie Jacquemart, a história do museu está fortemente conectada à casa e à vida dos dois. Entre 1864 e 1912, a residência Jacquemart-André foi decorada à medida que novos itens eram incorporados à coleção. Móveis e objetos de arte foram adquiridos durante inúmeras viagens pela Europa e Oriente Médio. O casal não só investia em quadros e objetos pequenos, como também em painéis, lareiras e afrescos.

Tanto a mansão quanto a impressionante coleção de artes decorativas foram deixadas para o Institut de France com a condição de que a propriedade se tornasse um museu e o acervo completo permanecesse ali. Édouard faleceu em 1894; Nélie, em 1912, e no ano seguinte o museu privado é inaugurado e aberto ao público.

Além do acervo permanente, o museu recebe, frequentemente, excelentes exposições temporárias. Mais do que isso, a edificação em si é uma verdadeira obra de arte e seu jardim de inverno com iluminação natural é o ponto alto do palacete.

Dica: uma das melhores e mais bonitas casas de chá de Paris está instalada na antiga sala de jantar do casal. Aberto ao público, o Café Jacquemart-André tem boas opções de *pâtisserie* no cardápio e, aos domingos, oferece um *brunch* já famoso entre os locais.

Pâtisserie é o local especializado em produzir e comercializar bolos e doces. Na França, o título só pode ser usado em estabelecimentos que empreguem um profissional licenciado, chamado de maître pâtissier.

Musée Jacquemart-André

158 boulevard Haussmann, 75008 Paris

Seg., 10h às 20h30 | ter. a dom., 10h às 18h

Saint-Augustin, linha 9 | Saint Philippe du Roule, linha 9
Miromesnil, linhas 9 e 13

Le Café Jacquemart-André

158 boulevard Haussmann, 75008 Paris

Seg. a sex., 11h45 às 17h30 | sáb., 11h às 17h30 | dom., 11h às 14h30

Saint-Augustin, linha 9 | Saint Philippe du Roule, linha 9
Miromesnil, linhas 9 e 13

COUR DU COMMERCE SAINT-ANDRÉ

A poucos quarteirões de distância da horda de turistas que invade o Quartier Latin está o Quartier de l'Odéon, pequena área situada no 6ème, no bairro de Saint-Germain. Suas ruas estreitas, passagens de paralelepípedo e antigas arandelas de ferro revelam a antiga Paris antes das grandes obras urbanas do Barão Haussmann.

Nesse contexto, incrustrada entre a rue Saint-André des Arts, o boulevard Saint-Germain e a rue de l'Ancienne-Comédie, está uma passagem de 120 metros construída no século XVIII ao longo da muralha conhecida como *enceinte de* Philippe Auguste. O Cour du Commerce Saint-André foi uma das poucas ruas que manteve seu pavimento original e suas antiquíssimas placas de loja, além de ter preservado vestígios da fortaleza medieval.

No passado, diversos eventos se sucederam nessa rua, muitos ligados à Revolução Francesa. Danton, um dos líderes da revolução, viveu em uma casa que já não existe mais, derrubada para construção do boulevard Saint-Germain. Mas o fato mais marcante está ligado à guilhotina. Seu uso foi oficializado nas execuções de pena de morte na França após experimentos feitos em ovelhas pelos médicos Guillotin e Louis em uma das casas da passagem.

Atualmente, apesar de bastante visitado, o Cour du Commerce Saint-André preserva a atmosfera pitoresca, principalmente à noite quando a iluminação fica por conta da luz indireta das arandelas. Reduto de pequenas lojas e restaurantes históricos, aqui está um dos restaurantes mais antigos da cidade, Le Procope, que abriu suas portas em 1686 e tinha entre clientes assíduos nomes como Rousseau, Diderot e Verlaine.

Dica: minha sugestão é o pequeno restaurante e casa de chá La Jacobine instalado na parte coberta da passagem. Móveis de madeira, paredes amarelas, decoração a cargo de cartazes antigos e ambiente acolhedor que remetem a um típico apartamento antigo parisiense. Visitantes vêm atraídos pelos pratos honestos da culinária francesa a preços justos.

Cour du Commerce Saint-André

130 boulevard Saint-Germain-des-Prés, 75006 Paris | 61 rue Saint-André des Arts, 75006 Paris | 19 rue de l'Ancienne Comédie, 75006 Paris

Odéon, linhas 4 e 10

La Jacobine

59-61 rue Saint-André des Arts, 75006 Paris

Seg., 18h30 às 23h | ter. a dom., 12h às 23h

Odéon, linhas 4 e 10

RESTAURANT
La Jacobine
SALON DE THÉ
Passion
RESTAURANT
PEDICURE
MEDICALE

PASSAGE DES PANORAMAS

Este endereço histórico – uma das passagens cobertas mais antigas de Paris inaugurada em 1799 – manteve seu estilo original e intensa atividade comercial no decorrer dos séculos.

Situada entre o boulevard Montmartre e a rue Saint-Marc, a Passage des Panoramas é menos glamurosa do que a Galerie Vivienne, mas é muito mais vibrante. Seu charme fica por conta da enorme quantidade de placas penduradas além, claro, das belas fachadas, luminárias de época e o teto de vidro totalmente preservado. Suas vitrines refletem a história da cidade e revelam a inclinação comercial do lugar, reduto de importantes casas filatélicas e lojas de fotografias e cartões postais antigos que atraem a atenção de colecionadores. Repleta de restaurantes e cafés, a galeria guarda bons endereços, como o delicioso bistrô Racines e o chique Passage 53. É interessante e esteticamente agradável perceber como novos proprietários de restaurantes equilibraram suas propostas modernas em espaços tão antigos. É o caso do italiano Caffè Stern, que ocupa uma antiga loja de impressão e gravura e tem sua decoração assinada por Philippe Starck.

A Passage des Panoramas abriga também o Théâtre des Variétés, um teatro inaugurado em 1807 que ainda está em atividade e anima a passagem coberta há dois séculos com espetáculos, peças e comédias musicais.

Dica: entre tantas opções gastronômicas, indico o restaurante Noglu, aberto em 2012, que se dedica a criar pratos saborosos sem glúten preparados com produtos frescos e orgânicos. Aos que não podem ou não querem comer glúten sem abrir mão de uma boa refeição, esse é o lugar. Logo ao lado, a épicerie do Noglu, uma espécie de lojinha para pedir e levar, conta com boa variedade de salgados e doces.

Passage des Panoramas

11 boulevard Montmartre, 75002 Paris

Seg. a dom., 6h às 0h

Grands Boulevards, linhas 8 e 9

Noglu

16 Passage des Panoramas, 75002 Paris

Seg., 12h às 15h | ter. a sáb., 12h às 15h | 19h30 às 22h30

Grands Boulevards, linhas 8 e 9

STERN Graveur
RAMAS
ATELIE
PHILATÉLIE
ACHAT
VENTE
ESTIMATION
M et C. LABRE
LO ZIO
Restaurant
Les Coulisses
L' AMI
MARCO
KASHMIR

PETIT PALAIS

Construído em 1900 para a Exposição Universal, abriga o Museu de Belas Artes de Paris e é considerado um dos prédios mais bonitos da cidade. Arquitetura, *design* e detalhes na decoração impressionam. O acervo é riquíssimo e a entrada para visitar a coleção permanente é gratuita. Obras de grandes artistas como Delacroix, Courbet, Rodin, entre outros, estão dispostas ao longo de corredores amplos e dentro de algumas salas mais intimistas. Apesar de estar em uma área bastante conhecida pelos turistas pela proximidade com a Champs-Élysées, Pont Alexandre III e Les Invalides, é menos movimentado do que seu vizinho Grand Palais e esconde um dos ambientes mais agradáveis e secretos da cidade.

A obra-prima do museu está no coração do prédio: um jardim interno a céu aberto com paisagismo tropical e esculturas cercado por grandes colunas em mármore e pelo terraço com piso deslumbrante em mosaico. Algumas mesinhas compõem o cenário de refúgio perfeito para quem busca um ambiente de muita tranquilidade em meio ao verde e às artes.

Dica: é nesse contexto que está inserido o café Les Jardins du Petit Palais, mas este, definitivamente, não segue a linha dos cafés especializados. Não há muito a se destacar no cardápio, ainda que pequenas refeições sejam servidas. Especial aqui é sua localização. Ideal para quem quer conhecer novos lugares fora do circuito turístico, esse é um dos meus endereços "secretos" favoritos da capital.

Petit Palais

Avenue Winston Churchill, 75008 Paris

Ter. a dom., 10h às 18h

Champs-Élysées-Clemenceau, linhas 1 e 13

Café Les Jardins du Petit Palais

Avenue Winston Churchill, 75008 Paris

Ter. a dom., 10h às 17h

Champs-Élysées-Clemenceau, linhas 1 e 13

ESPAÇOS A CÉU ABERTO

Durante a primavera e o verão as jornadas ficam mais longas e a atividade favorita do parisiense é aproveitar a cidade a céu aberto ao menor sinal de um dia ensolarado pela frente, seja à beira do Sena, Canal Saint Martin, parques e jardins.

A capital francesa conta com aproximadamente quinhentas áreas verdes – entre parques, jardins e praças – distribuídos em 2300 hectares pelos vinte arrondissements da cidade. Segurança, infraestrutura e rede de transporte público de ampla cobertura contribuem para que esses lugares sejam bem aproveitados pela população durante o ano inteiro.

SQUARE DU VERT-GALANT

Considerada o coração da antiga Lutèce, bem como da Paris medieval e contemporânea, a história da fundação da cidade corre nas ruas e principais monumentos da Île de la Cité, em locais como a Conciergerie e a Sainte-Chapelle – resquícios do primeiro palácio real – a Catedral de Notre-Dame e a Pont Neuf, a ponte mais antiga da cidade.

A área mais antiga da capital proporciona belas perspectivas do Sena e guarda ainda outros tesouros, como a pequena Square du Vert-Galant, uma praça situada na ponta oeste da ilha, a sete metros abaixo do nível da rua, aos pés da Pont Neuf. Em 1836, um primeiro jardim é projetado nesse espaço, mas em 1879 uma enchente o destrói completamente. A inauguração da praça, como a conhecemos hoje, aconteceu em 1884, quando foi batizada como Square du Vert-Galant em homenagem ao Rei Henri IV, famoso por suas conquistas amorosas apesar da idade avançada.

A praça surpreende pela diversidade da flora e fauna em uma área tão restrita e central e, por isso, obteve o selo de "espaço verde ecológico" em 2007. O recanto nos presenteia ainda com vistas sensacionais para o Musée du Louvre e o Hôtel de la Monnaie e é perfeito para um piquenique no fim do dia, quando os raios do sol riscam as águas do Sena. Um espetáculo à parte!

Dica: aproveite para conhecer o pequeno Marché aux Fleurs et aux Oiseaux composto por vinte barracas de flores e algumas de pássaros. Independente da estação do ano, o endereço é sempre colorido e verdejante.

Square du Vert-Galant

Place du Pont-Neuf, 75001 Paris

Pont Neuf, linha 7

Marché aux Fleurs et aux Oiseaux

Place Louis-Lépine, 75004 Paris

Seg. a sáb., 9h30 às 19h | dom., 8h às 19h

Cité, linha 4

PARC MONCEAU

Longe da agitação parisiense e muito frequentado por locais, o Parc Monceau traduz bem a elegância do bairro onde está inserido – uma das áreas mais valorizadas e elitistas da capital. As construções ao redor são verdadeiros palacetes pertencentes às famílias aristocratas da época. De fato, duas destas mansões foram doadas ao Estado com toda a coleção de arte que havia dentro e, assim, transformadas em museus. São eles o Musée Cernuschi e o Musée Nissim de Camondo.

Em 1860, a antiga vila de Mousseaux foi anexada à Paris e parte da propriedade pertencente ao duque de Chartres foi desmembrada, revitalizada e transformada em um novo parque. Essa medida foi fortemente criticada à época, mas após sua inauguração, em 1861, o Parc Monceau tornou-se referência em elegância e a alta sociedade adotou a vizinhança para estabelecer moradia.

O fato de ser pequeno e rodeado por luxuosas mansões – em francês, *hôtels particuliers* – ajuda a criar uma atmosfera mais intimista e aconchegante. Passeando pelos bosques encontramos elementos decorativos de épocas e estilos distintos, como uma antiga arcada do Hôtel de Ville, esculturas em mármore de escritores e músicos espalhados em meio às árvores, uma pequena ponte e o Pavillion de Chartres à entrada do parque, mas a atração principal fica por conta das colunas da antiga Rotonde de Valois dispostas ao longo da lagoa de lírios d'água.

Nos fins de semana de sol o parque é concorrido, mas durante a semana o ritmo é outro. É comum encontrar locais curtindo uma pausa do trabalho na hora do almoço e, à tardinha, hora das crianças se divertirem antes do jantar. Parc Monceau é uma ótima pedida para fugir do roteiro de parques turísticos e conhecer uma nova área da cidade.

Dica: meu *macaron* favorito chama-se Mogador, preparado com maracujá e chocolate. A delícia é da famosa *pâtisserie* Pierre Hermé, que possui uma unidade a poucos minutos do parque.

Parc Monceau
35 boulevard de Courcelles, 75008 Paris
Seg. a dom., 7h às 21h
Monceau, linha 2

Pierre Hermé
89 boulevard Malesherbes, 75008 Paris
Seg. a sáb., 11h às 20h | dom., 10h às 19h
Villiers, linhas 2 e 3

JARDIN DES PLANTES

Fundado em 1635, o Jardim Real de Plantas Medicinais deu origem ao Jardin des Plantes, um grande espaço verde que atrai curiosos, estudantes e pesquisadores pela imensa diversidade vegetal. É o coração do Museu Nacional de História Natural, abriga também a École de Botanique e carrega o título de principal jardim botânico da França.

Excelente passeio para se fazer com crianças justamente pela diversidade de atrações, entre elas, estufas com plantas típicas de diferentes partes do mundo, o museu disposto em quatro prédios (galeria da Evolução, Mineralogia e Geologia, Paleontologia e Botânica) e ainda uma galeria para os pequenos. Porém, seu cartão de visitas é o grande jardim a céu aberto repleto de plantas decorativas e flores de inúmeras espécies cuidadosamente alinhadas, formando extensos corredores convidativos para um passeio.

Apesar da localização, o Jardin des Plantes está alheio ao burburinho do Quartier Latin. O clima aqui é outro e o silêncio só é quebrado pelas crianças que correm e brincam nos passeios de terra batida ladeados por grandes árvores. Um show impressionante de cores acontece no início da primavera, quando as cerejeiras desabrocham e conferem ao jardim um ar etéreo, mas o outono também tem seu charme todo particular com folhagens em tons de vermelho, laranja e amarelo que iluminam o jardim. Um verdadeiro espetáculo da natureza!

Dica: combine a visita ao Jardin des Plantes com a Grande Mosquée de Paris, dica que está aqui no livro na sessão "Espaços Cobertos".

Jardin des Plantes

57 rue Cuvier, 75005 Paris

Seg. a dom., 8h às 17h

Gare d'Austerlitz, linhas 5 e 10
Censier – Daubenton, linha 7
Jussieu, linhas 7 e 10

PLACE DES VOSGES

A Place des Vosges definitivamente deve ser vivenciada. Muitos a consideram a praça mais bonita de Paris por seu conjunto arquitetônico singular e paisagismo. Acrescento um item à lista: a localização. Situada no vibrante bairro do Marais em uma área já próxima à Bastille a praça planejada mais antiga da cidade, inaugurada em 1612, conta com um entorno animado e diversificado.

Conhecida anteriormente por Place Royale esta é uma das cinco praças reais de Paris, ou seja, praças dedicadas a um rei ou encomendadas por eles para celebrar seu reinado ou suas conquistas. Caracterizada por sua forma geométrica perfeita, a pequena Place des Vosges é composta por 36 edifícios residenciais de tijolos vermelhos com fachadas simétricas – à exceção dos Pavilhões do Rei e da Rainha, ligeiramente mais altos – erguidos sob arcadas abobadadas que formam galerias para pedestres. Ao centro da praça, um jardim com a estátua equestre de Louis XIII e, em suas extremidades, duas fontes alinhadas à escultura.

O jardim conta ainda com bancos de areia para os pequenos e alguns bancos dispostos sob as árvores, mas é na grama que a maioria das pessoas se acomodam, principalmente, em dias ensolarados para um bom banho de sol ou, melhor ainda, para um autêntico piquenique parisiense na companhia de amigos.

Um passeio sob as arcadas da Place des Vosges é obrigatório. Há algumas lojas – minha favorita é uma minúscula boutique de chapéus situada em um dos quatro cantos –, galerias de arte e restaurantes, inclusive um *étoilé* – 3 estrelas no Guia Michelin. Aos interessados por literatura francesa, o antigo apartamento onde viveu o escritor Victor Hugo abriga um museu dedicado à sua memória.

Dica: o que não falta na região é opção de bons restaurantes, mas a sugestão a seguir é um endereço simples frequentado por locais. A quatro minutos da Place des Vosges em direção à Bastille está a linda *boulangerie* Au Levain du Marais que já desperta o interesse pela fachada retrô, mas conquista de vez quando se prova seu delicioso *pain au chocolat*.

Place des Vosges

Seg. a dom., 24 horas

Saint-Paul, linha 1 | Bastille, linhas 1, 5 e 8

Au Levain du Marais

28 boulevard Beaumarchais, 75011 Paris

Qui. a ter., 7h às 20h

Chemin Vert, linha 8

PARC DE BERCY

Aos que buscam novos ares e ângulos da cidade, o Quartier de Bercy deve ser incluído no roteiro. A região passou por um grande processo de revitalização no início dos anos 80 com a construção do ginásio poliesportivo Paris-Bercy e do Ministério de Economia, Finanças e Indústria para alavancar seu desenvolvimento. As melhorias não pararam por aí e na década seguinte o projeto de modernização teve continuidade com a entrega de um centro comercial a céu aberto, torres de escritório, biblioteca, cinemateca, museus e um grande parque.

A vila de Bercy foi um próspero centro de comércio de vinho por duzentos anos até que, em 1860, Paris anexa grande parte desta área ao seu território para a execução da estrada de ferro Paris-Lyon e a expansão do Bois de Vincennes. A renovação da região condena o negócio local, mas sua identidade é mantida com a preservação dos armazéns e dos antigos caminhos de ferro onde, um século mais tarde, é erguido o Bercy Village, charmoso centro de compras ao ar livre que evidencia a antiga arquitetura e evoca seu passado comercial.

Entre o Bercy Village e a Arena Paris-Bercy está o agradável Parc de Bercy criado a partir da junção de três jardins construídos com base em temas bem definidos: o primeiro, romântico, o segundo, na parte central, dedicado ao paisagismo, e o terceiro à prática esportiva. Apesar de ser uma área verde contínua é possível distinguir cada um dos jardins temáticos percorrendo toda sua extensão.

Do outro lado do Sena, conectada ao parque pela passarela modernista Simone de Beauvoir, está a Bibliothèque François-Mitterrand composta por quatro edifícios.

Dica: para mais uma atração completamente fora do roteiro turístico visite o Musée des Arts Forains, no Pavillons de Bercy, dedicado ao universo mágico das antigas feiras com parques de diversões e espetáculos circenses.

Parc de Bercy

128 quai de Bercy, 75012 Paris

Seg. a sex., 8h às 20h30 | sáb. e dom., 9h às 20h30

Bercy, linhas 6 e 14 | Cour Saint-Émilion, linha 14

Musée des Arts Forains

53 avenue des Terroirs de France, 75012 Paris

Seg. a dom., 10h às 18h

Cour Saint-Émilion, linha 14

ESTAURANT 01.43.46.08.89

CANAL SAINT MARTIN

O Canal Saint Martin foi cenário do filme *O fabuloso destino de Amélie Poulain*, retratado como um local bucólico com árvores densas e pequenas passarelas de onde a icônica personagem atira pedrinhas na água.

O canal possui 4,5km de extensão e conecta o Canal de l'Ourcq ao rio Sena, cortando os *arrondissements* 10 e 11. De fato, o cenário cinematográfico permanece intacto, mas nos últimos anos o entorno vem passando por um intenso processo de revitalização e gentrificação, assim como aconteceu no Marais anteriormente.

De população com renda baixa, mais velha e, predominantemente, de imigrantes, o bairro passou a atrair moradores jovens e com maior poder aquisitivo nas últimas décadas. O antigo comércio local agora divide espaço com marcas descoladas, galerias independentes e restaurantes e bistrôs comandados por novos chefes a preços mais razoáveis do que o vizinho Marais, enquanto a cena musical e artística cria uma identidade própria para o bairro, mais inclusiva e aberta a absorver o novo.

O Canal Saint Martin atrai, justamente, pela mistura de influências de diferentes gerações, culturas e etnias. O bairro não conta com museus ou monumentos históricos, o intuito é vivenciar o cotidiano deste "novo parisiense". Basta flanar por ambas as margens – os *quais* de Valmy e Jemmapes – e explorar as pequenas ruas do entorno para entender a personalidade vibrante da área. Aos fins de semana o canal fica ainda mais divertido com performances musicais e muita gente passeando à beira d'água.

Dica: escondido atrás de algumas casas às margens do canal, um antigo celeiro de seiscentos metros quadrados abriga bar, restaurante, balada e cinema em um dos locais mais atípicos e autênticos da capital: Le Comptoir Général. O espaço com forte influência africana reúne gente bonita de todas as partes do mundo em busca de bom divertimento nas noites parisienses.

Canal Saint Martin

République, linhas 3, 5, 8, 9 e 11

Le Comptoir Général

80 quai de Jemmapes, 75010 Paris

Seg. a qua., 18h às 1h | qui. e sex., 18h às 2h | sáb., 16h às 2h | dom., 11h às 2h

République, linhas 3, 5, 8, 9 e 11

VHF
20

PARC DES BUTTES-CHAUMONT

O Parc des Buttes-Chaumont é mais uma das grandes contribuições de Napoleão III e Barão Haussmann para o embelezamento e transformação da cidade planejada que conhecemos hoje. O parque foi erguido no fim do século XIX sobre um terreno totalmente irregular, árido e, até então, fora dos limites da cidade, nos arredores do atual 19ème, onde ladrões e foragidos se escondiam.

A área já havia servido como lugar de tortura e prisão onde homens eram esquecidos até que seus corpos fossem decompostos. Depois serviu de fossa a céu aberto, recebendo todo o dejeto dos bairros parisienses, até que foi transformado em pedreira devido à alta concentração de gipsita, um minério usado para a fabricação de gesso e cimento. Por conta das escavações o relevo, que já era acidentado, tornou-se ainda mais irregular, chegando a desníveis de até cinquenta metros de altura.

O parque de 25 hectares foi inaugurado em 1867 e é considerado um dos maiores e mais arborizados da cidade. Foge completamente ao *design* de outros parques parisienses que, em sua maioria, seguem estilos de decoração e paisagismo francês ou italiano. O Parc des Buttes-Chaumont lembra mais os parques do Brasil, com vegetação densa, lago, cascata, ponte e até mesmo um monte com um pequeno monumento inspirado nos templos romanos.

O Buttes-Chaumont é muito frequentado pelos parisienses e alguns turistas que exploram o 19ème em busca de destinos alternativos. Suas atrações agradam aos mais variados públicos: trilha para os esportistas, equipamentos de lazer e teatros de marionetes para as crianças, muito espaço disponível para bons piqueniques e uma vista magnifica para a cidade, principalmente, para a Sacre-Coeur, em Montmartre.

Dica: o Rosa Bonheur é um bar dentro do parque que ocupa um pavilhão erguido à época da inauguração. Aberto de quarta a domingo, é o *point* dos locais no verão.

Parc des Buttes-Chaumont

Seg. a dom., 7h às 20h
Excepcionalmente no horário de verão: seg. a dom., 7h às 22h

Buttes-Chaumont, linha 7bis | Botzaris, linha 7bis | Laumière, linha 5

Rosa Bonheur

Parc des Buttes-Chaumont, 2 Allée de la Cascade, 75019 Paris

Ter. 18h30 às 0h | qua. a dom., 12h às 0h

Buttes-Chaumont, linha 7bis | Botzaris, linha 7bis | Laumière, linha 5

CAFÉS

Os cafés são verdadeiras instituições francesas e fazem parte da vida cotidiana parisiense, porém até poucos anos atrás seu consumo estava muito mais relacionado ao aspecto social do que propriamente à paixão pelo sabor. Colocar a leitura em dia, deixar o tempo correr ou reunir os amigos em uma terrasse agradável são algumas das razões que permeiam a cultura do café. Os endereços clássicos imortalizados por artistas e intelectuais no passado nunca saem de moda, mas estão longe de servir uma bebida de qualidade, ainda que sejam estabelecimentos irresistíveis. Há pouco mais de dez anos a nova onda da cultura do café especializado finalmente chegou à Paris e estabeleceu uma mudança de hábito local, mudança essa que se deve, principalmente, a personagens expatriados que trouxeram na mala o know-how e a paixão pelos grãos.

LA CAFÉOTHÈQUE

La Caféothèque foi o estabelecimento que inaugurou a cena do café especializado em Paris, em 2005, com a barista guatemalteca Gloria Montenegro que, pessoalmente, cuidava da visita e seleção dos melhores produtores ao redor do mundo. Não demorou muito para que os *aficionados* o descobrissem, tornando-se referência na capital francesa. Após pouco mais de dez anos de atividades, La Caféothèque é muito mais do que um lugar para se degustar um bom café, é também um laboratório de torra, centro de formação de baristas e um espaço cultural permanente dedicado à cultura da bebida.

Ocupando o térreo de um imóvel discreto próximo ao metrô Pont Marie em uma rua pouco movimentada, La Caféothèque é o típico lugar que você chega pelo excelente café e é conquistado pelo ambiente despretensioso e bom atendimento dos baristas. A casa é dividida em pequenos ambientes cujo material predominante é a madeira rústica e cada uma das salas têm características e decoração diferentes. De frente para o balcão, a sala com parede verde e tampos de mesa coloridos – o cartão postal do lugar – é a mais disputada e alegre, enquanto a sala de leitura com uma estante cheia de livros, um extenso sofá compartilhado e algumas cadeiras é bastante aconchegante. O último espaço, decorado com sacas e caixas de café, deixa claro a extensa gama de produtos com os quais a casa trabalha.

Dica: Adoro o café expresso bem encorpado que eles servem, mas geralmente peço o cappuccino acompanhado de uma fatia da deliciosa torta de limão & coco. Quando tenho sorte de encontrar o lugar desocupado, gosto de me sentar perto da grande janela de vidro na sala de leitura.

La Caféothèque

52 rue de l'Hôtel-de-Ville, 75004 Paris

Seg. a sex., 8h30 às 19h30 | sáb. e dom., 10h às 19h30

Pont Marie, linha 7

TAKE AWAY TO PARIS
Formation
Caféologie
Barista/Sommelier
Torréfaction

BOOT CAFÉ

O Boot Café só reforça meu amor pelo Marais, uma região antiga que sobreviveu às reformas de Haussmann e manteve o conjunto arquitetônico medieval preservado também durante o processo de revitalização na década de 70 e, a partir daí se tornou um dos bairros mais dinâmicos da cidade. Uma medida adotada na época conferiu o tombamento das fachadas dos imóveis e de seus letreiros em ferro, madeira ou cerâmica. Assim, pequenas lojas descoladas e grandes marcas passaram a ocupar antigas *boulangeries*, sapatarias, farmácias e açougues, mas suas fachadas entregam a ocupação anterior do espaço. Há vários exemplos pelas ruas do 3ème e 4ème e esse é mais um detalhe que ajuda a compor o estilo *cool* do bairro.

O Boot Café é um exemplo perfeito. O que falta em espaço é compensado na personalidade. O menor café de Paris está localizado em uma antiga sapataria e ainda hoje exibe o letreiro *Cordonnerie* – loja de reparo de sapatos. Só a fachada já teria força suficiente para me atrair, mas o lugar oferece ainda um café encorpado torrado pela famosa Brûlerie Bellevile, além de bolos caseiros deliciosos. Seu interior foi renovado de forma a comportar apenas três mesas e bancos coloridos. Atrás do balcão, um barista prepara as bebidas e serve as delícias expostas no mostrador. A decoração fica por conta de muitas revistas, fotos e colagens nas paredes.

Não é o tipo de lugar ideal para se passar uma tarde com os amigos, por exemplo, mas uma rápida parada nesse ambiente singular é uma oportunidade para mergulhar na cultura cosmopolita do Marais. Esse é, definitivamente, um dos meus *coffee shops* favoritos.

Dica: a região do Haut Marais é uma parte ao norte do bairro frequentada por parisienses descolados e *fashionistas* que passeiam longe das calçadas concorridas do Marais. Por aqui, muitas galerias de arte, marcas de jovens estilistas, bares e restaurantes *trendy*.

Boot Café

19 rue du Pont aux Choux, 75003 Paris

Seg. a dom., 10h às 18h

Saint-Sébastien – Froissart, linha 8

CORDONNERIE

MERCI – LE USED BOOK CAFÉ

No coração do Haut Marais funciona uma loja bastante original, daquelas que não se encontra a cada esquina. Fruto de um projeto filantrópico, a *concept-store solidaire* Merci foi fundada, em 2009, com o propósito de financiar ações no campo da educação voltadas às crianças que vivem em condições extremas no sudoeste de Madagascar. Todo o lucro proveniente da loja é revertido à fundação Merci que, desde 2010, garante o funcionamento regular dos projetos, beneficiando milhares de crianças com a construção e manutenção de escolas na microrregião.

A proposta da loja é oferecer ao público produtos únicos de moda e decoração criados por jovens talentos e alguns designers renomados. A ideia de adquirir peças exclusivas e, ao mesmo tempo, contribuir para uma causa solidária agrada e atrai o cliente. Além disso, a experiência que a loja proporciona em seu espaço de 1.500 metros quadrados é fascinante, a começar pela entrada, onde um Fiat 500 estacionado no pátio interno de pedra recepciona e encanta os visitantes.

Diante de tantos ambientes surpreendentes e de boas descobertas no Merci, meu espaço favorito é o café literário e sebo, Le Used Book Café, com paredes totalmente cobertas por estantes repletas de livros e grandes janelas de vidro no corredor com vista para o simpático automóvel no pátio interno. O acervo de livros usados – todos doados para a loja – conta com mais de dez mil exemplares e estão à venda a partir de 2 euros. O ambiente aconchegante se assemelha ao de uma biblioteca residencial, porém movimentada e disputada. É possível saborear um bom cafezinho com pedaço de bolo ou até mesmo fazer uma refeição rápida e leve folheando um dos livros – melhor ainda se decidir comprá-lo no final. A casa agradece e conta com a colaboração dos clientes para manter e expandir o projeto filantrópico. Merci!

Merci – Le Used Book Café

111 boulevard Beaumarchais, 75003 Paris

Seg. a sáb., 10h às 19h30

Saint Sébastien Froissart, linha 8

127239·PC

CAFÉ OBERKAMPF

Via de acesso entre o hypado Haut Marais e o popular bairro de Belleville, a rue Oberkampf localizada no adensado 11ème é destino certo dos locais em busca de descontração e diversão na noite parisiense, o endereço certo da cena musical alternativa e de *drinks* a preços justos.

No entanto, aos que preferem a luz do dia e um bom café para iniciar a jornada, o Café Oberkampf, situado a poucos passos da rua principal, é uma excelente pedida, em parte pelo ambiente aconchegante e funcional, mas sobretudo pelo cardápio rigorosamente elaborado com pratos típicos de um verdadeiro café da manhã britânico, no qual itens como ovo, granola e *toasts* não podem faltar. A *playlist* de rock rolando no pequeno espaço decorado em estilo industrial com azulejos brancos nas paredes, móveis de madeira, sacas de café próximas ao balcão e plantas penduradas dão vida e conferem um ar moderno ao lugar.

Frequentado por locais, dificilmente o *coffee shop* será descoberto ao acaso por turistas e visitantes, mas o público jovem e fiel do Café Oberkampf se encarrega da divulgação. O estabelecimento que também se intitula *cantine & all day brunch* atrai uma clientela descolada e conectada, tanto com seus aparatos eletrônicos quanto com a equipe da casa comandada pelo proprietário Guy Griffin.

Seus clientes são, em maioria, expatriados adeptos de um estilo de vida saudável. Os ingredientes são frescos, de excelente qualidade, há muitas opções vegetarianas e, apesar do espaço reduzido e grande procura, principalmente aos fins de semana, come-se em estilo *slow food* e não há pressa para que a mesa seja desocupada.

Dica: aproveite para conhecer a área e escapar dos lugares batidos. Se o tempo estiver favorável visite o Parc de Belleville, um parque criado em 1988, situado no alto de uma colina com vista panorâmica sobre a capital.

Café Oberkampf

3 rue Neuve Popincourt, 75011 Paris.

Seg., ter. e sex., 8h30 às 16h30 | sáb. e dom., 9h30 às 16h30

Oberkampf, linhas 5 e 9

Parc de Belleville

47 rue des Couronnes, 75020 Paris

Seg. a sex., 8h às 21h30 | sáb. e dom., 9h às 21h30

Couronnes, linha 2

BOISSONS
ESPRESSO
CAP / LATTE
PICCOLO
MACCHIATO
MOCHA
FILTRE
2.5
4.2
3.2
2.8
5.2
3.8
4.7
4.7
0.5
2.8
6
FOOD
SAND DU MOMENT
SALADE DU MOMENT

PEONIES CAFÉ ET FLEURS

O espaço mais original desta seleção possui também o endereço menos óbvio aos olhos do turista. O caldeirão cultural da rue du Faubourg Saint-Denis é o encontro da Paris clichê com a realidade caótica da metrópole. Restaurantes *branchés* e orgânicos que fazem sucesso entre os locais dividem a calçada com um forte comércio de eletrônicos e informática, gráficas e toda a sorte de lojas asiáticas – de restaurantes turcos e *épiceries* chinesas a casas de tecido e bijuteria indianas.

A extensa via que corta o 10ème de norte a sul ligando a Porte Saint-Denis ao boulevard La Chapelle, passando pela Gare du Nord, a principal estação de trem da cidade, é um eixo em plena transformação, processo que vem ocorrendo com bastante intensidade na última década na região, atraindo novos comerciantes que apostaram em espaços incomuns e alugueis mais baratos e, consequentemente, seduzindo um público jovem ávido por novidades.

Atualmente, existem excelentes opções de bares, restaurantes e cafés cheios de personalidade nas proximidades da babélica Faubourg Saint-Denis, endereços originais como o Peonies Café et Fleurs que, como o próprio nome entrega, é um misto de *coffee shop* e floricultura.

O *spot* saudável e florido decorado com azulejos verdes, paredes brancas e muitas flores oferece café de qualidade, pratos veganos, chás orgânicos, sucos de fruta frescos e, claro, arranjos delicados feitos com flores do campo fornecidas por produtores locais. O ambiente simples encanta pelo estilo minimalista e convidativo e seduz pelo conceito, mas ao provar os itens do *menu* fica claro o porquê de o Peonies ser considerado o *coup de coeur* da vez.

Dica: aproveite para visitar a Porte Saint-Denis e a Porte Saint-Martin, separadas por uma curta distância de 250 metros. Tratam-se de dois dos quatro arcos do triunfo da cidade, monumentos que testemunharam a história e desenvolvimento de Paris. Construídos no século XVII em substituição a portões medievais, tinham a função de separar a cidade dos subúrbios e indicar a entrada para as avenidas reais.

Peonies Café et Fleurs

81 rue du Faubourg Saint-Denis, 75010 Paris

Ter. a sex., 9h às 19h30
sáb., 10h às 19h30
dom., 10h às 16h

Chateau d'Eau, linha 4

Porte Saint-Denis

Boulevard Saint-Denis, 75010 Paris

Strasbourg – Saint-Denis, linhas 4, 8 e 9

Porte Saint- Martin

Boulevard Saint-Martin, 75010 Paris

Strasbourg – Saint-Denis, linhas 4, 8 e 9

PEONIES
AFÉ ET FLEU

LE PELOTON CAFÉ

O café parece ser o combustível dos ciclistas – basta ver a quantidade de bicicletas estacionadas diante dos novos *coffee shops* parisienses. Unindo os dois universos, em 2015, Christian Osburn e Paul Barron, donos de uma pequena agência renomada de *bike tours* na cidade há mais de dez anos, inauguraram o Le Peloton, um café temático e artesanal dedicado à cultura do ciclismo.

O curioso deste café situado a poucos passos da inspiração original, La Caféothèque, é que sua história vai na contramão das demais cafeterias em Paris, geralmente abertas e comandadas por baristas. Nesse caso, os dois ciclistas profissionais apostaram em sua paixão e mergulharam no mundo do café. O negócio, no entanto, não foi uma aventura desmedida e contaram com o apoio e treinamento de um amigo especialista de peso, o cofundador da Brûlerie Belleville, torrefadora referência na capital.

O fato de serem ciclistas antes de tudo está fortemente traduzido no Le Peloton e fez toda a diferença na composição do *layout*. O ambiente foi criado de modo a promover integração, tanto que o espaço principal é um grande balcão contornando a máquina de expresso, um convite explícito à interação entre todos, o que de fato acontece.

Não se vê muitos *laptops* sobre a mesa, cena recorrente na maioria dos *coffee shops*, e ainda que a senha do Wi-Fi esteja disponível aos visitantes, a conexão mais forte está no *off-line*. O tom das conversas fica ainda mais alto e animado quando grupos pequenos de ciclistas irrompem o local para repor a energia e trocar experiências.

Dica: aproveite a curta distância até a Île Saint-Louis e descubra suas ruas charmosas com vistas de tirar o fôlego ou, se preferir, dê as costas ao Sena e chegará na rue Vieille du Temple, uma das principais artérias do Marais.

Le Peloton Café

17 rue du Pont Louis-Philippe, 75004 Paris

Seg. e ter., 9h30 às 17h30 | qui. e sex., 9h30 às 17h30
sáb. e dom., 9h30 às 18h30

Pont Marie, linha 7

le Peloton
CAFE
Menu
Homemade Waffles
Pastries by Chez Manon
Mokonuts Cookies
Cakes by Mokonuts

COUTUME CAFÉ

Desde a inauguração do Coutume Café, em 2011, o elegante Quartier Sèvres-Babylone, localizado no 7ème, entrou na rota dos apreciadores do café *gourmet*. A casa de torrefação e cafeteria fundada pelo francês Antoine Nétien e o australiano Tom Clark é uma das principais referências da revolução do café na cidade. O segredo da dupla consiste em participar de todas as etapas do processo de fabricação – do plantio à xicara – a fim de garantir uma bebida de qualidade ímpar.

O cuidado começa com a seleção dos grãos provenientes dos melhores produtores ao redor do mundo. Durante todo o ano, o Coutume trabalha lado a lado com seus fornecedores escolhendo lotes que respeitem a sazonalidade da colheita. O processo de torra e moagem é feito na própria *maison* e o preparo da bebida é conferido a baristas experientes que extraem as notas particulares de cada grão.

O ambiente amplo e *clean* em estilo industrial é inspirado em um laboratório e decorado com utensílios e elementos que remetem ao universo da química. O próprio cardápio e os nomes dos cafés lembram uma tabela periódica e o frasco de Erlenmeyer faz a vez da garrafa de água servida em cada mesa.

O *menu* não é muito extenso, mas as opções doces e salgadas são deliciosas e bem servidas. A casa oferece ainda uma *formule* de café da manhã simples a preço justo, principalmente, se considerarmos a qualidade da bebida.

A cafeteria tem restrições quanto ao uso de *laptops* e *tablets*, mas a medida parece não incomodar a clientela que, diariamente, lota mesas e balcão à espera de um delicioso café.

Dica: o Musée Rodin está a uma curta caminhada do Coutume Café. As obras mais importantes de Auguste Rodin estão dispostas no jardim e interior da belíssima mansão conhecida como Hôtel Biron.

Coutume Café

47 rue de Babylone, 75007 Paris

Seg. a sex., 8h30 às 17h30 | sáb. e dom., 9h às 18h

Saint-François-Xavier, linha 13 | Vaneau, linha 10

Musée Rodin

79 rue de Varenne, 75007 Paris

Ter. a dom., 10h às 17h45

Varenne, linha 13

Filtre

VISTAS CINEMA-TOGRÁFICAS

Muito além do Trocadéro existem perspectivas estonteantes em diferentes pontos da cidade. A seleção abaixo apresenta algumas delas, mas certamente deixa outras tantas de fora. A beleza está por todos os cantos, basta ter a curiosidade e o olhar atento para enxergá-la.

INSTITUTO DO MUNDO ÁRABE

O Instituto do Mundo Árabe (IMA) oferece uma das perspectivas mais surpreendentes da capital. Debruçado sobre as margens do Sena, no 5ème, o terraço do prédio de nove andares tem vista privilegiada para as duas ilhas naturais parisienses onde bate o coração da cidade: Île de la Cité e Île Saint-Louis.

De um lado, os *hôtels particuliers* alinhados ao longo da pacata Île Saint-Louis. De outro, a imponente Catedral de Notre-Dame cercada de verde vista a partir da Square Jean-Paul II e o Sena recortando a paisagem.

Além do visual arrebatador, a visita ao IMA é uma excelente opção para quem busca alternativas aos passeios culturais tradicionais. O instituto tem por objetivo disseminar a cultura árabe no Ocidente e estreitar o diálogo entre os países da liga árabe e a França. O prédio por si só já é uma atração. Inaugurado em 1987, foge aos padrões arquitetônicos locais, mas se integra perfeitamente ao entorno. O *design* da fachada que fica de frente para o Sena acompanha a curva do rio, enquanto os painéis metálicos que constituem a fachada lateral representam os mosaicos característicos da arquitetura árabe.

A instituição abriga museu, biblioteca, auditório, restaurantes e possui uma programação cultural intensa com exposições temporárias, seminários, cursos de língua e de civilização, debates e espetáculos de dança.

Dica: O restaurante Zyriab by Noura localizado no último andar oferece, além da fantástica vista panorâmica, um farto *menu* inspirado na cozinha libanesa.

Institut du Monde Arabe
- 1 rue des Fossés Saint-Bernard, 75005 Paris
- Ter. a sex., 10h às 18h | sáb. e dom., 10h às 19h
- Jussieu, linha 7 e 10 | Cardinal Lemoine, linha 10

Zyriab by Noura
- 1 rue des Fossés Saint-Bernard, 75005 Paris
- Ter. a sáb., 12h às 14h30 | 19h30 às 22h30 | dom., 12h às 14h30
- Jussieu, linha 7 e 10 | Cardinal Lemoine, linha 10

SQUARE RAPP

Enquanto no Trocadéro centenas de turistas se amontoam e disputam um espaço para a tradicional foto com a Torre Eiffel ao fundo, a poucos passos do Champ de Mars – o parque público onde está a Dama de Ferro – se esconde um impasse que oferece uma vista emoldurada da torre e chama a atenção pela beleza de seu conjunto arquitetônico.

A Square Rapp é uma das agradáveis recompensas de se fugir do roteiro tradicional e flanar pela cidade descobrindo seus endereços secretos. Originalmente chamada villa de Monttessuy, é uma curta rua sem saída que abriga somente quatro edifícios e um jardim ornamentado por uma minúscula fonte, um portão ricamente trabalhado em ferro forjado e na parede ao fundo, um desenho 3D feito em treliça metálica.

No número três, um edifício projetado pelo arquiteto Jules Lavirotte, em 1899, fascina pela quantidade de detalhes e falta de simetria proposital na decoração. Trata-se de uma construção *art nouveau* cuja fachada é considerada das mais representativas e bonitas deste estilo.

Dica: a rue Saint-Dominique não está muito longe e possui endereços gastronômicos famosos. A sugestão, no entanto, é uma *pâtisserie* especializada em um doce da culinária francesa, o *merveilleux*. Delicie-se com os diferentes sabores produzidos na linda boutique Aux Merveilleux de Fred.

Square Rapp

École Militaire, linha 8

Aux Merveilleux de Fred

94 rue Saint-Dominique, 75007 Paris

Ter. a sáb., 9h às 20h | dom., 9h às 19h

École Militaire, linha 8

PLACE DALIDA

Ruelas arborizadas, escadarias e impasses compõem o cenário charmoso da Montmartre residencial que se localiza nas proximidades da Avenue Junot, rue Saint-Vincent e rue des Saules. A topografia acidentada com extensas ladeiras e vias sinuosas formam uma barreira natural que isola esta parte do bairro da zona turística que se concentra aos pés da Basílica de Sacre-Coeur.

É na área residencial de casas com jardins, vielas de pedra, vinha e comércio discreto que se encontra uma pequena praça dedicada à diva da música francesa Dalida, revelando a paisagem cinematográfica de uma Paris bucólica onde até mesmo um dos cartões postais da cidade se torna mero coadjuvante.

A Place Dalida foi inaugurada em 1997 à ocasião do aniversário de dez anos de morte da cantora, no encontro de duas ruas pitorescas nas proximidades de sua antiga casa. Um busto de bronze em tamanho real fora produzido e posicionado no local de modo a observar toda a extensão da rue de l'Abreuvoir e, mais ao fundo, a silhueta da Sacre-Coeur. A vista desta ladeira com suaves ziguezagues é idílica, principalmente ao nascer do sol. Ao final da rua, na interseção com a rue des Saules, se localiza uma das casas mais célebres de Montmartre que deve sua fama aos pintores montmartrois que a imortalizaram em suas telas. A fachada pouco mudou desde 1910, quando ali funcionava uma espécie de pensão e taverna. Hoje em dia, La Maison Rose encanta pelo charme, mas é um chamariz de turistas.

Dica: para uma simples e boa refeição sugiro descer a rue Lepic até chegar ao pequeno e simpático bistrô Un Zèbre à Montmartre, com ambiente caloroso e amigável e preços honestos.

Place Dalida
Lamarck – Caulaincourt, linha 12

Un Zèbre À Montmartre
38 rue Lepic, 75018 Paris
Seg. a sáb., 9h às 2h | dom., 10h às 2h
Blanche, linha 2

ÎLE SAINT-LOUIS

Situada no coração da cidade, a Île Saint-Louis é uma das duas ilhas naturais do Sena e, sem dúvida, a área que melhor traduz a elegância discreta e o charme parisiense. Pequena e residencial, seu território compreende uma rua principal, duas paralelas às margens do Sena e sete transversais; conecta-se com a Île de la Cité pela Pont Saint-Louis e tem como vizinhos o Quartier Latin na Rive Gauche e o Marais na Rive Droîte.

Com apenas 750 metros de comprimento é possível percorrê-la em poucos minutos. Porém, apesar de essencialmente residencial e de não abrigar monumentos históricos, o passeio pode se estender por horas a fio. Seu encanto está na tranquilidade e silêncio que imperam por aqui. Belos edifícios e fachadas, elegantes cafés e boutiques e paisagens de tirar o fôlego fazem dessa ilha um verdadeiro oásis e sonho de consumo de muitos parisienses.

O processo de urbanização local e construção dos *hôtels particuliers* que se sucederam sobretudo no século XVII atraíram rapidamente a aristocracia parisiense tamanho prestígio em torno da área. Ao longo de quatro séculos moradores ilustres fizeram da Île Saint-Louis o seu lar e ainda hoje é um dos metros quadrados mais valorizados da cidade.

Admirar a arquitetura dos edifícios ao longo do quai d'Orléans e a vista magnífica que se tem para a Notre-Dame e depois descer para uma caminhada às margens do Sena é um dos meus passeios favoritos. Aos domingos, a ilha é destino certo de muitos locais. A Pont Saint-Louis se transforma em palco com apresentações musicais e artísticas, os terraços das *brasseries* ficam cheios, as lojas abertas e as margens do Sena se tornam lugar ideal para saborear os deliciosos *glaces* da sorveteria mais tradicional de Paris, a Berthillon.

Atualmente é o termo aplicado aos estabelecimentos gastronômicos que servem refeições rápidas, cafés e bebidas a qualquer hora do dia, mas conta também com um menu típico no almoço e jantar.

Dica: apreciar um *pain au chocolat* com vista para a Notre-Dame e Place Jean-Paul II no café Le Flore en l'Île é sempre uma atividade prazerosa.

Île Saint-Louis

Pont Marie, linha 7 | Saint-Paul, linha 1 | Cité, linha 4

Le Flore en l'Île

42 quai d'Orléans, 75004 Paris

Seg. a dom., 8h às 2h

Pont Marie, linha 7

GALERIES LAFAYETTE PARIS HAUSSMANN

Referência mundial no comércio e na moda, a Galeries Lafayette Paris Haussmann é um verdadeiro ícone parisiense desde sua abertura no fim do século XIX. A loja de departamento mais tradicional é parada obrigatória aos que estão de passagem pela cidade, seja para quem busca as melhores opções em compra ou aos amantes da arquitetura.

O edifício principal inaugurado em 1912 é coberto por uma imensa cúpula em estilo *art nouveau* que se ergue a 43 metros de altura e ilumina a grande galeria, conferindo à loja requinte e sofisticação, atributos almejados pelos fundadores, que tinham por objetivo transformá-la em um "empório de luxo" parisiense.

Ao longo dos anos, a Galeries Lafayette Paris Haussmann expandiu sua área e segmento de atuação. Atualmente, conta com três prédios e abriga mais de 2500 marcas de todo o mundo – desde as acessíveis às mais prestigiadas – nos segmentos de moda, beleza, decoração e alimentação, além de promover eventos e exibições na Galerie des Galeries, um espaço permanente que incentiva a produção cultural e valoriza a relação entre moda, arte e *design*.

Um último trunfo que a Galeries Lafayette Paris Haussmann guarda e passa desapercebido por muitos se encontra no terraço do prédio principal, que pode ser acessado gratuitamente pelo público. O amplo *rooftop* dispõe de uma vista privilegiada para cartões postais da cidade, como a Ópera Garnier, vizinha à loja, a Igreja de la Madeleine e a Torre Eiffel.

Atrações são oferecidas no *rooftop* durante todo o ano de acordo com as estações, desde aulas de ioga em dias quentes a *ice bar* na temporada de inverno. Seja qual for a programação, tudo se torna ainda mais especial com o visual que se tem do sétimo andar, especialmente no pôr do sol.

Galeries Lafayette Paris Haussmann

40 boulevard Haussmann, 75009 Paris

Seg. a sáb., 9h30 às 20h30 | dom., 11h às 19h

Chausée d'Antin – La Fayette, linhas 7 e 9 | Ópera, linhas 3, 7 e 8

PONT DE BIR-HAKEIM

Trinta e sete pontes e passarelas cruzam o Sena em Paris e conectam as duas margens do rio (Rive Droite e Rive Gauche) ao longo de treze quilômetros, compondo o cenário magnífico tão característico da cidade.

Alguns destes monumentos figuram na lista de patrimônio histórico tamanha beleza e imponência, como é o caso da Pont Alexandre III. Outras são testemunhas do crescimento e desenvolvimento da capital, a exemplo da Pont Neuf, a ponte mais antiga construída na segunda metade do século XVI.

Em meio a diferentes estilos arquitetônicos e decorativos, uma em especial se sobressai pela originalidade e vista singular. No começo do século XX, a Pont de Bir-Hakeim foi projetada em dois níveis para interligar o 15ème ao 16ème, de modo que o andar superior fora destinado à expansão do metrô e, o inferior, a carros, pedestres e bicicletas.

A ponte metálica chama atenção pelo efeito que os lustres da *belle époque*, intercalados aos pilares de sustentação ao longo de toda sua extensão, produzem. O jogo de cenas da Torre Eiffel enquadrada entre as colunas e as luminárias é deslumbrante e único.

Na parte central da ponte está o acesso para a Île aux Cygnes, uma estreita ilha artificial que começa neste ponto e se estende até a Pont de Grenelle. Ao fim do agradável trajeto de pouco menos de um quilômetro ladeado por muitas árvores está a Statue de la Liberté, uma réplica da Estátua da Liberdade de dezesseis metros de altura.

Dica: um museu fora do circuito é o Musée du Vin, antiga cave esculpida na rocha onde, no século XV, eram armazenados os vinhos do antigo Monastério de Passy. Atualmente, o lugar apresenta a história e o *savoir-faire* da bebida que é um verdadeiro patrimônio cultural francês.

Pont de Bir-Hakeim

Bir-Hakeim, linha 6

Musée du Vin

5 square Charles Dickens, 75016 Paris

Ter. a sáb., 10h às 18h

Passy, linha 6

FONDATION LOUIS VUITTON

A paisagem do oeste parisiense se transformou desde a inauguração do audacioso prédio projetado pelo arquiteto canadense Frank Gehry para a LVMH, a *holding* francesa detentora de diversas marcas de luxo, entre elas a Louis Vuitton.

Criada com o objetivo de promover a arte contemporânea e de dialogar com artistas e público em um espaço emblemático e atrativo, a Fondation Louis Vuitton atrai pela arquitetura formidável acima de tudo.

Localizado na extensa área verde do Bois de Boulogne, nos limites de Paris com Neuilly-sur-Seine, o museu já entrou para o circuito cultural da cidade superando as fortes críticas que recebeu à época de sua inauguração, em 2014, por se tratar de uma iniciativa cultural privada erguida em área pública.

A liberdade arquitetônica que pautou o projeto desde o início traduziu-se em uma obra singular em formato de caravela cujo material predominante é o vidro. A água que corre pela cascata em degraus aos pés da construção guia o barco futurista em meio ao mar verde no qual está inserido.

A disposição dos terraços e varandas se dá em diferentes níveis e o visual para a floresta urbana torna-se ainda mais bonito em meio à estrutura aparente do edifício. Em primeiro plano está o Jardin d'Aclimatation, um parque com estrutura e atividades voltadas ao público infantil, e um pouco mais adiante está a região corporativa de La Défense com seus modernos arranha-céus.

Dica: distante da região central de Paris, a Fondation Louis Vuitton disponibiliza micro-ônibus a partir da saída da estação de metrô Charles de Gaulle-Étoile, ao lado do Arco do Triunfo, a cada quinze minutos. O transporte é estritamente reservado aos visitantes da Fondation.

Fondation Louis Vuitton

8 avenue du Mahatma Gandhi, 75016 Paris

Seg. a dom., 9h às 21h

Les Sablons, linha 1

FAVORITOS

DANS CETTE MAISON
COLETTE
1er ARR^t
RUE
DE
BEAUJOLAIS
9
• L'entrée de la Boutique
se trouve du côté du jardin.
(voûte 93)
• Nous ouvrons tous les jours
de 10 à 19 heures et
le lundi de 11 à 19 heures.
• Nous fermons le dimanche.
• Palais Royal
9 rue de Beaujolais. Paris 1er
Tel. 260.08.22

Existem lugares que fazem meu coração bater mais forte, seja pela harmoniosa arquitetura que surpreende, pela forte carga histórica que carregam ou pela sensação de felicidade arrebatadora que invade. Segue aqui uma seleção muito particular de alguns desses locais especiais, não com a pretensão de revelar "os pontos mais bonitos de Paris", mas com o intuito de mostrar que a beleza dessa cidade está em todos os cantos, muito além dos monumentos icônicos, basta saber olhar.

PLACE FÜRSTENBERG

Longe do brilho do boulevard Saint-Germain e do burburinho dos famosos cafés ao redor da Place Sartre-Beauvoir encontramos ruas e cantos que preservam a alma de Saint-Germain-des-Prés, bairro da Rive Gauche historicamente conhecido como reduto intelectual da cidade.

No coração do bairro, entre o icônico *boulevard* e as margens do Sena, se escondem as estreitas ruas de pedra com seu comércio local repleto de excelentes antiquários e galerias de arte, importantes livrarias, lojas discretas, boas *pâtisseries* e pequenos, porém charmosos hotéis que, no passado, abrigaram gênios literários como Hemingway e F. Scott Fitzgerald. Flanar por essas ruas é como voltar no tempo.

É nesse contexto que está escondida a minúscula Place Fürstenberg – uma rua, na realidade – que forma uma rotatória em torno da ilha central cercada por prédios intocados pela reforma urbana de Haussmann. No século XVII, compreendia o antigo pátio, garagem e estábulo da Abadia de Saint-Germain-des-Prés.

À primeira vista ela pode decepcionar quem espera encontrar um lugar magnífico como outros tantos cartões postais. Entretanto, seu charme está na simplicidade e nos detalhes: na ilha central, em um patamar acima do nível da rua, há quatro grandes árvores em torno de um antigo poste de luz; ao redor, prédios baixos que abrigam poucos apartamentos residenciais – para privilégio total dos moradores – e, no térreo, lojas de decoração e galerias.

O cenário bucólico confere à Place Fürstenberg o título de um dos lugares mais charmosos de Paris. Ao entardecer, quando as lamparinas se ascendem, a atmosfera é ainda mais poética e nostálgica. A essência da antiga Saint-Germain está aqui.

Dica: aos que se interessam em conhecer um museu fora do circuito turístico, o Musée Eugène Delacroix ocupa o número seis da praça e está instalado no antigo *atelier* e casa do célebre pintor.

Place Fürstenberg

Saint-Germain-des-Prés, linha 4 | Mabillon, linha 10

Museu Eugène Delacroix

6 rue de Furstenberg, 75006 Paris

Qua. a seg., 9h30 às 17h30

Saint-Germain-des-Prés, linha 4 | Mabillon, linha 10

ARÈNES DE LUTÈCE

No 5ème existe uma arena de lutas da época galo-romana construída no século I d.C. que, apesar de seu enorme valor histórico, beleza e alto grau de preservação, consta em poucos roteiros turísticos. Para se ter uma ideia de sua importância, ela e as termas de Cluny são os únicos monumentos remanescentes da ocupação romana na cidade, que na antiguidade se chamava Lutèce. Por essas características, aliadas ao inusitado, eu a coloco na minha lista de favoritos.

A Arènes de Lutèce servia tanto para combates quanto para apresentações teatrais – seu anfiteatro comportava até 15.000 pessoas – e graças à restauração que ocorreu no início do século XX é possível caminhar por grande parte da arena e arquibancadas. Aberta ao público todos os dias, está localizada no Quartier Latin próximo à rue Monge, e tem como frequentadores assíduos os moradores da redondeza que aproveitam o campo central de terra para práticas esportivas, como *pétanque* e futebol, e as arquibancadas e o terraço superior para colocar a leitura em dia.

Este endereço nada óbvio esconde ainda um jardim localizado na parte superior do anfiteatro. Se você começar a visita pela entrada da rue de Navarre será recebido por canteiros de flores e muitas árvores. Seguindo para o lado oposto ao anfiteatro há um acesso para uma praça bem simpática chamada Square Capitan que possui equipamentos de lazer para crianças e Wi-Fi gratuito. Ótimo endereço para fugir completamente do agito turístico do Quartier Latin.

Dica: a parte baixa da movimentada rue Mouffetard guarda um excelente endereço aos apreciadores de chá. A belíssima Maison des 3 Thés é especializada em chás chineses e taiwaneses e conta com a maior cave do mundo. A casa oferece ainda um espaço reservado à degustação com todos os ritos e apetrechos que envolvem a prática.

Arènes de Lutèce

49 rue Monge, 75005 Paris

Seg. a sex., 8h às 21h30 | sáb. e dom., 9h às 21h30

Place Monge, linha 7

Maison des 3 Thés

1 rue Saint-Médard, 75005 Paris

Ter. a dom., 11h às 19h30

Place Monge, linha 7

MUR DES JE T'AIME

Em um momento onde muros são erguidos para delimitar fronteiras e segregar pessoas, uma parede em especial propõe a reconciliação dos povos através da forma mais simples – e ainda assim a mais difícil de se praticar – o amor.

E não há melhor lugar para se ter um monumento dedicado ao amor do que Montmartre, um dos bairros mais charmosos e boêmios da capital francesa. *Le mur des je t'aime* é uma obra de arte criada por Frédéric Baron, que coletou pelas ruas de Paris mais de mil "eu te amo" escritos à mão por homens, mulheres e crianças em diversas línguas e dialetos, e contou com a parceria da calígrafa Claire Kito, que reproduziu e deu vida às frases no mural.

Le mur des je t'aime foi construído sobre uma superfície de 40 metros quadrados onde a frase "eu te amo" aparece, aproximadamente, em 300 línguas e dialetos. Os salpicos em vermelho lembram papel picado que, juntos, formam um só coração representando a humanidade que o muro sonha em unir.

A obra foi produzida no ano 2000 e está permanentemente exposta na Place des Abbesses, na escondida pracinha Jehan Rictus. Dezesete anos se passaram... tema mais atual, impossível.

Dica: a premiada *boulangerie* Le Grenier à Pain está a poucos passos do local. Experimente a baguete que já ganhou duas vezes o prêmio de melhor da cidade.

Mur des Je T'Aime

Square Jehan Rictus, Place des Abbesses, 75018 Paris

Abbesses, linha 12

Le Grenier à Pain

38 rue des Abbesses, 75018 Paris

Qui. a seg., 7h30 às 20h

Abbesses, linha 12

I HA DI GÄRN
AU DOMONI IKO
ОБИЧАМ TE
Yr wyf yn dy garu
MA ARMASTAN SIND
te imam NoKa Munayki
Mən səni sevirəm
JEG ELSKER DIG
Ich liebe Dich
Bi sini gooimbi
INI BIG KITA
Σ' αγαπώ
Mi amas Vin
ZOLELE
Ngiyakutsandza
NDYI MUKUSVA
Ik hâld fan dy

JARDINS DU PALAIS ROYAL

No coração de Paris, a poucos passos da ala norte do Louvre, existe um jardim muito especial e secreto, verdadeiro oásis em meio a uma área agitada e bastante turística, protegido há quatro séculos pelas edificações do Palais Royal.

A propriedade manteve sua tranquilidade intocada graças às paredes do palácio que o cercam e por essa razão se preservou fora do alcance de muitos visitantes que desconhecem sua existência. Seu acesso é dificultado pelas extensas galerias formadas por arcos e colunas idênticas que confundem e distraem os passantes.

O antigo Palais Cardinal tornou-se propriedade do rei em 1642 após a morte do Cardinal Richelieu e seu nome foi modificado para Palais Royal, passando a abrigar famílias reais até que a construção do Palais de Versailles fosse concluída.

A tranquilidade que paira hoje nos jardins do Palais Royal não se parece em nada com a agitação revolucionária que presenciou no fim do século XVIII, época em que o palácio não mais servia à corte e as galerias eram repletas de casas de jogos e bordéis.

Hoje, o Palais Royal é um dos melhores refúgios na área central da cidade e reúne outros atrativos além do jardim: o famoso teatro La Comédie Française, a polêmica intervenção artística Colonnes de Buren e as galerias de Montpensier e de Valois, com lojas e restaurantes que são a verdadeira tradução do luxo discreto parisiense.

Dica: conheça o pequeno e delicioso Café Kitsuné que ocupa uma antiga loja de tecidos – cuja fachada foi preservada – sob as arcadas da Galerie de Montpensier.

Jardins du Palais Royal

Seg. a dom., 8h às 20h30

Palais Royal – Musée du Louvre, linhas 1 e 7

Café Kitsuné

51 Galerie de Montpensier, 75001 Paris

Seg. a sex., 10h às 17h | sáb. e dom., 10h às 18h

Palais Royal – Musée du Louvre, linhas 1 e 7

PLACE DAUPHINE

Se a Place des Vosges possui o conjunto arquitetônico mais bonito e a Place Fürstenberg é a mais charmosa, a Place Dauphine definitivamente recebe o título de praça mais romântica da cidade.

Inspiração de muitos artistas, serviu de pano de fundo para algumas cenas do épico filme *Meia-noite em Paris*, de Woody Allen, exibida durante os passeios noturnos dos personagens de Marion Cotillard e Owen Wilson. Recentemente, foi imortalizada nas cenas finais do *blockbuster* romântico *Como eu era antes de você*, que se manteve fiel ao livro ao elegê-la o lugar favorito no mundo do personagem principal.

Está localizada na ponta oeste da Île de la Cité, próximo à Pont Neuf, e surpreende pelo inusitado formato triangular. Foi construída no século XVII seguindo as premissas para obter o título de segunda praça real de Paris, em homenagem ao *dauphin*, o futuro rei Louis XIII. Apesar de não ter preservado a unidade arquitetônica original à exceção de dois prédios, é cercada por belos edifícios que isolam o ruído vindo das proximidades.

As árvores dispostas de forma simétrica também ajudam a mantê-la, de certa forma, fechada e lhe conferem uma atmosfera encantadora. Pequenas galerias e restaurantes compõem o cenário perfeito. Não há grama na praça, seu chão é de terra batida e proporciona um ótimo terreno para a prática de *pétanque*. No fim de um bom dia de sol grupos se reúnem e aproveitam os bancos como apoio para um piquenique um pouco improvisado, mas igualmente delicioso.

Dica: recomendo o simpático e colorido restaurante Ma Salle à Manger especializado em comida francesa com influência basca, equipe muito atenciosa e ambiente aconchegante.

Place Dauphine
Cité, linha 4

Ma Salle à Manger
26 place Dauphine, Île de la Cité, 75001 Paris
Seg. a dom., 9h às 22h
Cité, linha 4

FONTAINE MÉDICIS

A Fontaine Médicis é a cereja do bolo do Jardin du Luxembourg, destino certo de todos os turistas que visitam Paris. E caso não conste em seu roteiro, anote aí: esse imenso jardim situado nos limites entre Saint-Germain e o Quartier Latin é parada obrigatória para todos os que estão de passagem pela capital francesa e, ainda que seja bastante frequentado por turistas, tem lugar cativo no coração dos locais.

Inspirado nos jardins italianos, o Jardin du Luxembourg foi construído, em 1612, a mando da rainha Marie de Médicis para acompanhar o Palais du Luxembourg, para onde se mudaria após a morte do marido Henri IV. Atualmente, o palácio é a sede do Senado da França e o restante da propriedade é aberto ao público, com inúmeras atrações para todas as idades.

Criada em 1630, a então denominada Grotte du Luxembourg foi encomendada pela rainha, nostálgica de sua terra natal com o pedido de que se parecesse com as fontes presentes nos jardins de Boboli, em Firenze. Sofreu diversas modificações ao longo dos anos, deixando de ser apenas uma grota quando lhe foi acoplado um reservatório de água ladeado por plantas e flores.

Outra mudança significativa foi a instalação de uma imensa obra de arte criada por Auguste Ottin que representa três personagens mitológicos. Essa é, na minha opinião, uma das obras mais bonitas da cidade. Aproveitar as cadeiras ao redor da fonte para observar todos os seus detalhes ou, simplesmente, para uma pausa durante o dia é sempre uma boa pedida.

Dica: o Jardin du Luxembourg é um dos endereços ideais para se fazer um piquenique – lembre-se disso se o tempo estiver bom. Caso contrário, a casa de chá Angelina está localizada próximo à entrada da rue de Vaugirard com saborosas opções da *pâtisserie* francesa.

Jardin du Luxembourg

Odéon, linhas 4 e 10

Trem: RER B, estação Luxembourg-Sénat

Angelina

19 rue de Vaugirard, 75006 Paris

Seg. a dom., 10h30 às 19h

Trem: RER B, estação Luxembourg-Sénat

PLACE IGOR STRAVINSKY

Cores vivas e formas ingênuas são marcas registradas da alegre Fontaine Stravinsky situada em uma área com fortes contrastes arquitetônicos em um dos quartiers mais antigos de Paris. Está ao lado do moderno Centre Pompidou, mais conhecido por Beaubourg, e da Église Saint-Merri cuja edificação atual foi erguida no século XVI.

Sua localização não foi escolhida ao acaso. A fonte foi erguida sobre um prédio subterrâneo de cinco andares, sede do IRCAM, o Instituto de Pesquisas de Música Contemporânea, organização dedicada à promoção da música moderna e musicologia ligada ao Centre Pompidou.

O fundador do IRCAM, compositor e maestro Pierre Boulez, sugeriu o trabalho de Stravinsky como tema para a fonte e o projeto foi desenvolvido pelos artistas franceses Niki de Saint Phalle e Jean Tinguely, responsáveis por darem corpo à música do artista através de dezesseis esculturas que performam um balé mecânico e se movem ao som dos jatos d'água.

O monumento com ares lúdicos e um toque de surrealismo abrange algumas disciplinas, como arquitetura, escultura, música, pintura e mecânica. É um ótimo passeio para fazer com os pequenos. Entre a fonte e os degraus da igreja há um espaço constantemente ocupado por crianças que improvisam uma quadra de futebol e deixam a bola rolar sob o olhar atento de um Salvador Dalí imortalizado no grafite monumental criado por Jef Aérosol, um dos grandes nomes da arte urbana francesa. A obra se integra harmoniosamente ao cenário de fortes contrastes e estilos.

Dica: a poucos minutos de caminhada do Beaubourg e da Fontaine Stravinsky está o Jardin Anne-Frank, um espaço verde inaugurado em 2007 em homenagem à menina vítima do Holocausto. Próximo à agitada rue Beaubourg, o jardim está escondido no fim de uma rua sem saída e surpreende pela tranquilidade e beleza. Excelente lugar para fugir da multidão e repor as energias.

Fontaine Igor Stravinsky

Place Igor Stravinsky – 75004 Paris

Rambuteau, linha 11

Jardin Anne Frank

14 impasse Berthaud, 75003 Paris

Seg. a dom., 10h às 20h

Rambuteau, linha 11

CARTÕES POSTAIS

Os conceitos de harmonia e beleza se materializam nos grandes monumentos e a atenção aos detalhes beira a perfeição. Torre, arcos, igrejas e museus são obras magníficas, imperdíveis e merecem todos os holofotes, mas sozinhas não sustentam o título de cidade mais bonita do mundo que Paris conquistou. A seleção a seguir traz alguns dos locais mais emblemáticos de Paris, mas não deixe de reparar nos caminhos que levam até eles. A beleza não está só no destino final, na atração em si, mas em todo trajeto a percorrer, no qual ruas anônimas, canteiros floridos, fachadas tombadas, impasses de pedra, pontes e praças desconhecidas tornam-se também protagonistas.

TOUR EIFFEL

A Torre Eiffel é o cartão postal supremo de Paris. Fotos, quadros, filmes, livros e músicas perpetuam sua beleza e soberania. Foi construída em pouco mais de dois anos pelo engenheiro Gustave Eiffel especialmente para a *Exposition Universelle de Paris de 1889* para celebrar o primeiro centenário da Revolução Francesa.

É impensável estar na cidade e não registrá-la, nem que seja ao longe, compondo o cenário de tantas fotografias. Ao flanar pelas ruas ela será avistada em diversas ocasiões, por vezes causando surpresa.

A torre está localizada no Champ de Mars, uma ampla área verde que se estende entre o monumento e a École Militaire e acolhe milhares de turistas e parisienses diariamente com programação intensa de atividades ao longo de todo o ano. O evento mais emblemático é a queima de fogos no dia 14 de julho em comemoração à queda da Bastilha.

A área mais próxima à torre é sempre cheia e movimentada. Apesar das quase sempre longas filas muitos não abrem mão de subir os seus degraus ou elevadores para contemplar a cidade de forma panorâmica. Outros preferem refúgio nas alamedas do parque para apreciá-la enquanto fazem piquenique, conversam e namoram. Há ainda os que a vislumbram ao passear de barco ou caminhando pelas margens do Sena.

Fato é que estando em Paris você, invariavelmente se relacionará com ela, a Dama de Ferro, onipresente na Cidade Luz e no imaginário de todos os seus visitantes.

Dica: em uma pequena rua fora do burburinho está o Café de Mars, um típico bistrô parisiense que oferece pratos da cozinha clássica francesa com toques originais em um ambiente caloroso e decoração vintage.

Tour Eiffel

Champ de Mars, 5 avenue Anatole France, 75007 Paris

Seg. a dom., 9h às 23h45, mas sugiro que consulte o *site* oficial para detalhes de acesso/horários

Bir-Hakeim, linha 6

Le Café de Mars

11 rue Augereau, 75007 Paris

Ter. a sáb., 12h às 14h30 | 19h30 às 23h

École Militaire, linha 8

L'ARC DE TRIOMPHE DE L'ÉTOILE

Há alguns séculos, Paris era uma cidade delimitada por muros e algumas portas que indicavam a entrada para as avenidas reais e o caminho para os palácios. Apenas quatro destes portões ainda estão de pé atualmente e cumprem somente o papel de arcos do triunfo erguidos em comemoração às conquistas do exército francês.

O maior deles, o Arco do Triunfo de l'Étoile, localizado na Place Charles de Gaulle, no alto da avenida Champs-Élysées, é um dos principais e mais bonitos monumentos da cidade. Os outros três arcos, igualmente imponentes e testemunhas da história parisiense, seguem no anonimato para muitos visitantes. Erguido entre 1806 e 1836, o monumento é riquíssimo em detalhes e seus quase cinquenta metros de altura carregam inúmeras gravuras e esculturas retratando as grandes batalhas dos tempos do Império e da Revolução.

O Arco do Triunfo de L'Étoile compreende-se no "eixo histórico de Paris", um alinhamento de vias, monumentos e edifícios que se inicia no Museu do Louvre, passa pelo Jardin des Tuileries e Place de la Concorde, percorre toda a avenida Champs-Élysées e se estende até o Grande Arco de la Défense, fora dos limites da cidade.

No topo do arco há um observatório com vista panorâmica de onde se atesta a magnitude do planejamento urbano orquestrado por Haussmann, pois é da Place Charles de Gaulle que partem doze grandes avenidas, todas contemplando um conjunto arquitetônico harmonioso e simétrico.

Dica: a avenida Champs-Élysées é um movimentado destino turístico e, por isso, não é tarefa fácil encontrar um bom endereço gastronômico. Sugiro a recém-remodelada Publicis Drugstore comandada pelo *chef* francês Eric Frechon, o responsável pela elaboração de um cardápio de qualidade para ocasiões diversas – do café da manhã ao coquetel tarde da noite.

Observatório L'Arc de Triomphe de L'Étoile

Place Charles de Gaulle, 75008 Paris

Seg. a dom., 10h às 22h30

Charles de Gaulle-Étoile, linhas 1, 2 e 6

Publicis Drugstore

133 avenue des Champs-Élysées, 75008 Paris

Seg. a sex., 8h às 2h | sáb. e dom., 10h às 2h

Charles de Gaulle-Étoile, linhas 1, 2 e 6

Crêpes

CATHÉDRALE NOTRE-DAME DE PARIS

A cada ida à Cidade Luz elejo uma nova área ou *arrondissement* para desbravar, mas existem lugares dos quais não abro mão visitar. A Notre-Dame é um deles. Mais do que isso, a viagem começa por ela. Basta uma caminhada pelo pátio à sua frente ou pelo jardim – hoje batizado como Place Jean-Paul II – para me sentir "em casa" e finalmente pronta para as descobertas que virão.

Erguida na Île de la Cité, no lugar da antiga Catedral Saint-Étienne, sua construção teve início em 1163. Palco dos principais acontecimentos históricos e abrigo de relíquias religiosas – com destaque para os fragmentos da coroa de espinhos de Cristo – a impressionante construção em estilo gótico é também considerada o centro geográfico da cidade e marco zero para todas as rotas da França.

Não é à toa que uma das principais catedrais da Europa atrai uma legião de turistas ano após ano. Além de todos os elementos arquitetônicos presentes na fachada e em seu interior, entre esculturas, sinos e os impressionantes vitrais, destaco as famosas gárgulas e quimeras instaladas nos telhados da construção. Consideradas obras-primas da arquitetura gótica, foram imortalizadas no romance de Victor Hugo, *O corcunda de Notre Dame* e exercem verdadeiro fascínio sobre muitos visitantes.

É possível conferi-las de perto na visita paga ao topo de uma das torres da igreja. O passeio exige fôlego e certo preparo, mas vale cada degrau conquistado para se ter um visual espetacular sobre a Île de la Cité e as pontes que cruzam o Sena.

Dica: em 2015, a famosa livraria e sebo Shakespeare & Co inaugurou um café ao lado da loja principal com vista privilegiada para a Notre-Dame. Chegue cedo e garanta um lugar na janela.

Cathédrale Notre-Dame de Paris

6 Parvis Notre-Dame – Pl. Jean-Paul II, 75004 Paris

Interior da Catedral: seg. a sex. 7h45 às 18h45 | sáb. e dom., 7h45 às 19h15
Topo da Catedral: seg. a dom., 10h às 17h30

Cité, linha 4

Shakespeare & Co Café

37 rue de la Bûcherie, 75005 Paris

Seg. a sex., 9h30 às 19h | sáb. e dom., 9h30 às 20h

Cité, linha 4

PONT ALEXANDRE III

Ainda que a origem do termo esteja ligada às ideias iluministas do século XVIII, a melhor representação figurada do título Cidade Luz é a Pont Alexandre III. Ladeada por quatro grandes colunas e ornamentada com inúmeras esculturas e estátuas em bronze é considerada a ponte mais bonita e emblemática de Paris. Mas é ao anoitecer que o monumento se agiganta, quando os trinta e dois candelabros se ascendem e banham o rio Sena em luz.

A obra foi inaugurada em 1900 para a quinta edição da *Exposition Universelle de Paris*, a mesma feira que, na edição anterior, apresentou a Torre Eiffel ao mundo. Símbolo da aliança entre França e Rússia, a ponte leva o nome do czar Alexandre III e conecta a esplanada dos Invalides ao Petit e Grand Palais, outras duas obras inauguradas no mesmo ano à ocasião da exposição.

Pano de fundo para diversos filmes e videoclipes, a ponte é visita obrigatória aos que desembarcam na cidade pela primeira ou décima vez, sobretudo à noite com as luzes clareando os passos dos *flaneurs* e a torre Eiffel completando o visual.

Dica: o democrático bar Rosa Bonheur situado dentro do Parque Buttes-Chaumont possui uma filial logo abaixo da Pont Alexandre III, na margem esquerda do Sena. Em total clima de descontração o bar-péniche Rosa Bonheur sur Seine é *point* garantido no verão, principalmente, ao anoitecer.

Pont Alexandre III

Invalides, linhas 8 e 13

Rosa Bonheur sur Seine

Port des Invalides, quai d'Orsay, 75007 Paris

Seg. e ter., 12h às 0h | qua. a dom., 12h à 1h30

Invalides, linhas 8 e 13

MUSÉE DU LOUVRE

De fortaleza medieval erguida em meados de 1190, a palácio real entre os séculos XIV e XVIII, e finalmente museu a partir de 1793, o Louvre sofreu inúmeras intervenções até se transformar na construção colossal que conhecemos hoje. A última delas foi promovida pelo então presidente François Mitterrand que encomendou a famosa pirâmide de vidro projetada pelo arquiteto Ieoh Ming Pei instalada no pátio principal.

Caminhar por entre os corredores e salas do museu é testemunhar o legado que civilizações orientais e ocidentais construíram através de suas manifestações artísticas, culturais e religiosas ao longo da história.

O Louvre conta com um acervo exposto de trinta e cinco mil obras setorizadas em sete coleções e dispostas em três grandes alas – Sully, Richelieu e Denon – todas com acesso através da pirâmide. Aos viajantes ávidos por arte recomenda-se mais de um dia para percorrer com calma toda a extensão do museu e assim tirar máximo proveito da visita. Aqueles que não têm a pretensão de desbravá-lo minuciosamente conseguem visitar as principais obras, por alto, em três horas.

Às terças, quando o museu está fechado, recomendo percorrer parte do trajeto do "eixo histórico" a partir dos pátios, Cour Carrée e Cour Napoléon, para observar os detalhes arquitetônicos e instalações. Depois, em linha reta, caminhar em direção ao Arco do Triunfo do Carrossel, atravessar o Jardin des Tuileries e chegar à histórica Place de la Concorde com suas duas fontes ornamentadas.

Dica: situado sob as arcadas da ala norte do Louvre, o Café Marly ocupa as salas de jantar de Napoleão III e o terraço com vista para o Cour Napoléon e a pirâmide de vidro. Endereço de muitos fashionistas durante a semana de moda parisiense, o café possui entrada independente e atende ao público externo.

Musée du Louvre

- Rue de Rivoli, 75001 Paris
- Seg., qua., qui. e sex., 9h às 22h | sáb. e dom., 9h às 18h
- Palais-Royal-Musée du Louvre, linhas 1 e 7

Café Marly

- 93 rue de Rivoli, 75001 Paris
- Seg. a dom., 8h às 22h
- Palais-Royal-Musée du Louvre, linhas 1 e 7

JARDIN DES TUILERIES

As figuras femininas do artista Aristide Maillol presentes na Place du Carrousel entre as duas alas do Louvre guardam a entrada do Jardin des Tuileries, o harmonioso jardim que separa o Museu do Louvre da Place de la Concorde.

Sua história está diretamente ligada ao Palais des Tuileries, o palácio real erguido no século XVI a mando de Catherine de Médicis no terreno onde funcionava uma antiga fábrica de telhas (*tuiles*), por isso a origem do nome. Residência de muitos soberanos, o palácio sofreu um incêndio premeditado em 1871 e suas ruínas foram finalmente demolidas em 1883.

Originalmente, o Jardin des Tuileries foi criado com inspiração nos jardins italianos da Idade Média, mas em 1644 seu projeto foi totalmente redesenhado em estilo clássico pelo famoso paisagista André Le Nôtre e os portões foram abertos à população, tornando-se o primeiro jardim público da cidade.

Ao longo das duas extremidades, as alamedas concebidas a partir de um alinhamento meticuloso das árvores criam um cenário exuberante, principalmente com a folhagem alaranjada no outono. Em dias ensolarados, acomodar-se nas cadeiras em torno da grande fonte octogonal é energizante e em qualquer situação vale a pena caminhar sem rumo por toda sua extensão à procura das inúmeras esculturas ali expostas.

O jardim conta ainda com dois museus, o Musée de l'Orangerie que abriga as Ninfeias de Monet e o Jeu de Paume, uma galeria dedicada às exposições temporárias de fotografia dos séculos XX e XXI.

Dica: caminhando em direção aos portões, após passar a fonte central, escolha uma das duas rampas laterais para acessar o ponto mais alto do jardim formando uma espécie de terraço que se debruça sobre a Place de la Concorde. Deste ponto fica fácil observar o "eixo histórico de Paris", do qual o Jardin des Tuileries faz parte.

Jardin de Tuileries

Seg. a dom., 7h às 19h30
(Meses de out. a mar.)
seg. a dom., 7h30 às 21h
(Meses de abr. a set.)

Tuileries, linha 1
Concorde, linhas 1, 8 e 12

Musée de l'Orangerie

Jardin Tuileries, 75001 Paris

Qua. a seg., 9h às 18h

Concorde, linhas 1, 8 e 12

Jeu de Paume

1 place de la Concorde, 75008 Paris

Ter. 11h às 21h
qua. a dom., 11h às 19h

Concorde, linhas 1, 8 e 12

OPÉRA GARNIER

Paris, capital cultural por excelência, possui uma das casas de ópera mais prestigiadas e importantes do mundo. Mais do que uma das joias edificadas durante o plano de reconstrução e embelezamento, o Palais Garnier, inaugurado em 1875, é o monumento símbolo da Paris *haussmanniana* e uma das maravilhas arquitetônicas da cidade.

A encomenda de Napoleão III por uma nova casa de ópera luxuosa e segura destinada à alta sociedade parisiense ocorreu após um atentado à antiga Opéra Le Peletier, em 1858. O vencedor do concurso que elegeu o melhor projeto foi o arquiteto francês Charles Garnier, que inovou ao mesclar estilos arquitetônicos com forte influência barroca e renascentista, além de projetar novos espaços, como imensos *foyers*, salas de ensaio e um museu-biblioteca.

O interior do teatro é um espetáculo à parte. A suntuosa escadaria que conduz aos camarotes e plateia é rodeada por trinta colunas em mármore. O salão chamado le Grand Foyer surpreende pelo jogo de espelhos e luzes que destacam esculturas e pinturas do artista Paul Baudry. A sala de espetáculos em formato de ferradura é toda em mármore, veludo e dourado e, um século mais tarde, a pintura dramática do teto feita pelo artista Marc Chagall trouxe ainda mais beleza à decoração idealizada por Charles Garnier.

Hoje, a Opéra Garnier apresenta mais espetáculos de balé enquanto os concertos de ópera se concentram na Ópera Bastille. A temporada cultural tem início no mês de setembro, com intensa programação durante todo o inverno.

O monumento que inspirou Gaston Leroux a escrever *O fantasma da ópera*, publicado em 1910, está aberto diariamente à visitação. O passeio guiado dá acesso aos espaços públicos do teatro, como a escadaria central, a sala de espetáculos, os salões le Grand Foyer e l'Avant Foyer e les Salons de la lune et du soleil.

Dica: a Galeries Lafayette é vizinha ao Palais Garnier e oferece excelentes opções em compra e gastronomia, além de uma vista linda sobre a cidade a partir do *rooftop*.

Opéra Garnier

- 8 rue Scribe, 75009 Paris
- Visita guiada de seg. a dom., 11h às 15h30
- Opéra, linhas 3, 7 e 8

Galeries Lafayette Paris Haussmann

- 40 boulevard Haussmann, 75009 Paris
- Seg. a sáb., 9h30 às 20h30 dom., 11h às 19h
- Chausée d'Antin – La Fayette, linhas 7 e 9 | Ópera, linhas 3, 7 e 8

POESIE LYRIQUE

Gabi Alves Photography

Grenier

Grupo Editorial LETRAMENTO

30 JOURS À PARIS

PRESENTES PARA VOCÊ: CAIXA GOURMET «COMTESSE DU BARRY»*

Un coffret gourmet offert* « Comtesse du Barry »

PRIORIDADE -12% NO SERVIÇO DE RESTITUIÇÃO DE TAXAS**

12% de détaxe en priorité**

code : 684009

9950000068400900000

GALERIES LAFAYETTE PARIS HAUSSMANN
40, boulevard Haussmann - 75009 Paris
Métro : Chaussée d'Antin - La Fayette
Tél: +33 (1) 42 82 36 40 | haussmann.galerieslafayette.com/pt-br

Aberto diariamente, das 9h30 às 20h30; domingos, das 11h00 às 19h00
Ouvert tous les jours de 9H30 à 20H30 et le dimanche de 11H00 à 19H00

Período de validade: de 8 de Novembro de 2017 a 15 de janeiro de 2018
Date de validité : du 08 Novembre 2017 au 15 Janvier 2018

* Para receber a caixa gourmet "Comtesse du Barry" recheada de especialidades francesas, favor apresentar este voucher e seus recibos de compras na entrada do espaço Concierge (Edifício Principal, Coupole, 5o andar). Valor mínimo: 50€. Até o limite do estoque. Um presente por pessoa. Foto não contratual
**Para se beneficiar deste serviço, apresente este voucher no espaço Concierge (Edifício Principal, Coupole, 5o andar) e recibos de compras com valor mínimo de 175,01€. Veja as condições na loja. Válido por pessoa e por voucher. Serviço conforme disponibilidade.

*Présentez ce voucher et vos justificatifs d'achats à l'espace Concierge (Magasin principal, Coupole, 5ème étage) et recevez votre cadeau: coffret «Comtesse du Barry ». Minimum d'achat 50€
Dans la limite des stocks disponibles. Un coffret par personne. Photo non contractuelle.
**Pour bénéficier de cette prestation, présentez ce voucher et vos justificatifs d'achats d'un montant minimum de 175,01€ à l'espace Concierge (Magasin principal, Coupole, 5ème étage).
Voir conditions en magasin. Offre valable pour une personne et par voucher. Selon disponibilité.

Galeries Lafayette